中学生のことばの授業

詩・短歌・俳句を作る、読む

KONDO Makoto
近藤 真

太郎次郎社エディタス

はじめに

〈あなたの中学時代は、どんな風景で形容されますか？〉

「夏の海。太陽がぎらぎら照りつける砂浜で、波打ちぎわを走っている私」とは、妻の中学時代。

「快晴の日に田舎を走る電車。夏の制服を着た私が乗っている」と、十九の娘。

娘の友人がメールで返事をよこした。

「颱風の中の柳」。柳は彼女自身だ。激しい雨風にもみくちゃにされながらも、一本の木としてそこに立ちつづける強さとしなやかさと。彼女はその力を読書で身につけた。

「お父さんは？」

「鬱蒼《うっそう》とした森のなかをさまようぼく。木々の隙間から小さな青空が見えて、そこから太陽の光がわずかに地面を照らしている。そこにだけはいろんな色の小さな花が咲いてて」

友は言う。

「新緑の雑木林」

それを聞いた別の友が言う。

「ぼくにとっては、一年中、緑の色調が変わらない杉林だったよ」

「出口の見えない真っ暗なトンネル」

「ぼくが走ったトンネルは、遠くに小さな出口が明るく光ってた」

「機械の音が反響する工場のなか」

「くねくねと続く細い山道を歩いているぼくかな」

「都会の雑踏のなか」

「遊園地」

「吊り橋だ。風が吹くとゆらゆら揺れて、それでもおそるおそる渡っている」

「いろんな花が咲いているにぎやかな花壇」

「すすきの原」……とさまざまに形容される前期思春期の三年間である。


本書は、『コンピューター綴り方教室――子どもたちに起きたリテラシー革命』(一九九六年・小社刊)に続く、私の実践記録集である。先の著作は、コンピュータが導入されてまもない時期の中学校の国語の授業と学級文化づくりの実践記録であった。これに対し、本書には私が教職に就いて六年目の一九八六年から二〇〇九年のあいだに発表した授業記録中、詩歌の実践を選んで収めた。

収録した作品が二十三年という長期にわたっているため、私の授業スタイルも大きく変化している。すなわちそれは私の授業観の変化であり、これとセットになっている子ども観、ひいては教師観、哲学とよべるほどのものではないが、私が探ってきた教育観の反映でもある。

また、本書では時系列で並べられていない個々の実践についての読者の理解を助けるため、初任から現在までの私の略歴を記す。

E中学校。一九八一年四月に初任教師として赴任。かつて炭坑で栄えた静かな町だった。生徒の親から、酒席での作法をみっちりと教わった。

O中学校。一九八六年四月に赴任し、足かけ六年をこの学校がある五島列島北部の風光明媚な島で暮らした。ここでの実践は、「詩『便所掃除』を読む」「詩『春』二題を読む」。

N中学校。一九九二年四月に赴任。途中、一年間の長崎県教育センター勤務。ここでコンピュータと出会う。この学校での実践は、「授業『木になる』」「俵万智と恋をする」「連句を作る、連句でつながる」「詩集『ぼくは12歳』を読む」「俳句『三月の甘納豆』を読む」。

H中学校。三年間の行政勤務を経て、二〇〇一年四月に教頭として赴任。市街地のなかの学校である。ここでの実践は、「中学一年生と俳句を読む」。

A中学校。二〇〇四年四月に校長として赴任。六年間を勤める。造船所、米海軍基地に隣接。差し入れを携えて日参するPTA会長といっしょに、ひたすら教室をまわり授業を見た。同僚教師は、校長が授業をすることに快く応じ、そればかりかチーム・ティーチングのパートナーとして指導に当たってくれた。ここでの実践は、「定型詩を書く」「表八句を作る」「五行歌『ばらのアーチ』を読む」。

そして現在、二十九年ぶりに初任の地、E中学校に帰ってきた。親になった初任時代の生徒たちと再会する。

それぞれの学校がおかれている地域の個性があり、教室の空気も温度も湿度もさまざまである。

しかし、どの学校のどの教室にも、夏の陽ざしを浴びて砂浜を走っている子がいれば、暗い森の獣道を踏みしめながら歩いている子がいる。田舎道を電車で走っている子がいれば、激しい雨風のなかをひとり立ちつづけている子がいる。自転車を漕いで石ころだらけの坂道を汗だくになって登っている子がいる。

そんな差異がせめぎあう教室で、ひとつのことばの作品を読みあう。それをとおして自分自身のことばの作品を生みだす。このような前期思春期の少年少女のことばの営為に立ち会ってきた者の報告書《リポート》である。本書を手に取ってくださった方が、国語教室で文学のことばを紡ぎだす等身大の中学生に出会えていただければ、私にとってこれ以上の喜びはない。

＊本書で引用した古代・中世・近世の詩歌については、読みやすさの観点から、送り仮名を加える、旧字を新字に改める、難読漢字に振り仮名をつけるなど、必要に応じて表記を改めました。

目次

I部 詩歌を作る

詩歌を読む

II部

I部 詩歌を作る

心も

驚いて
りんごかな
幼くて
私への
うれしくて
あなたへの想
あなたまた
頬染めて
愛しいと
騒ぎ出す

授業「木になる」PART1

✿詩「き」（谷川俊太郎）を読む［中学二年生］

校舎の裏には原生林が続く

N中学校は森の学校である。標高四百四十五メートルのS岳の麓《ふもと》に学校はあり、校舎の裏に原生林が迫る。新緑の季節には、さまざまのニュアンスの緑の塊がむくむくと沸きたって、クリーム色の四角な校舎を包んでいる。

敷地を区切るフェンスもなく、理科室裏の側溝を飛びこえると、容易に森に入ることができる。一歩足を踏みいれると、そこは完全な別世界である。倒木を乗りこえけもの道をのぼっていくと、やがて木立のあいだにうち捨てられた墓石がいくつも立っている。なかには元禄二年の銘が読めるものもある。かつてここには寺院があり墓地があった。

また墓石のつぎ目に落ちた種が根を張り、実生《みしょう》の大木となって墓石を抱きかかえているすごい光景にも出会える。やがて墓石は木の胎内に蔵されていくことだろう。森がこの先もずっと存在すればの話であるが。

私がN中に赴任した五年前は、生徒の荒れが濃厚で、落ち葉の上にはたばこの吸い殻やジュースの空き缶が散乱していた。おまけに木の枝から枝へと張りわたしたターザンロープまでこしらえてあって、森はツッパリ生徒たちの格好の息抜きと遊びの空間であった。

昼休みに私はときどき校舎をぶらつく。すると、私の姿をめざとく見つけたヒロミやテルコたち数名が駆けよってくる。

「ねえねえ、先生。森へ連れてってよ」

私がよく森に入るのを彼女たちは知っているのだ。冬に入って食後の散歩を数日やめたら、彼女たちは職員室に押しかけて、私を戸外へ引っぱりだす。

「裏山に入るべからず」と学級担任からきびしいお達しを受けているから、森に入るためには私の同伴が必要なのである。すなわち私は彼女たちの保護者というわけだ。私の手を引くようにして彼女たちはずんずん森のなかに入っていく。やがて栗の大木がある。この下に数人が腰を下ろせる空間があるのだ。地面にはたくさんの毬《いが》が落ちている。

森に入ると不思議に心が落ち着く。なつかしさがこみ上げる。自分がほんとうに帰ってきたかった場所、それがここなんだ。——そんな気がしてくるから不思議だ。

それは、少年時代に友人や父といっしょに森に入って遊んだ記憶に、三十年の時空を超えて、まっすぐにつながるからだろう。……春は、つくし、うど、わらびなどの山菜とり。夏はクワガタ、カブトムシ、セミなどの虫とり。十歳の夏休みに、六つの弟を連れて半日森に入ってとったカブトムシを、父の車で、S市の港の朝市に売りにいったことがある。おばさんが三十数匹まとめて千円で買ってくれた。私の人生ではじめての「労働」(?)による現金収入であった。秋の森はほんとうに楽しい。栗拾い、山芋掘り(父はこれが好きだった)、うべ、あけび、柿、野生の梨、キノコとり……。戦争ごっこ、やぐらづくり、穴掘り、木登り……。

ただじっとして森の気に包まれるのが心地よい。木立の向こうから聞こえてくる運動場の喚声が、なんだか遠い世界の出来事のように思えてくる。教室ではめったに口を開かない(とくに授業になると)彼女たちは、森のなかだとびっくりするほど饒舌《じょうぜつ》になる。いろんな話題がめまぐるしく飛びかう。友だちのこと、家族のこと、将来のこと……。森のなかだからできる秘めやかな語らいがある。

話に夢中になっていると、やがて昼休み終わりのチャイムが聞こえてくる。とたんにわれわれは現実に引きもどされる。「早く、早く」。掃除の始まりに遅れる。掃除点検係のチェックが入る! 生徒も先生も自分の受けもちの区域に急ぐ。——われながらのんきな話である。

こんな森の学校だから、校庭にはタヌキがうろつくことがある。側溝に落ちてはい上がれなくなっている野ウサギの子を、生徒が見つけたことがある。

人のいない校庭、休日の学校は森の動物たちの天国だ。だから、休み明けの運動場にはウサギたちの糞がいたるところに散らばっている。

鳥の声が授業中の教室に届く。夏になるとオニヤンマやアゲハチョウが迷い込んでくる。スズメバチもやってきて、そのたびに教室は大騒ぎとなる。

谷川俊太郎「き」の詩をなぜとりあげたか

こんなときに私は、谷川俊太郎《たにかわしゅんたろう》の詩「き」に出会ったのである。『三省堂国語教育』(第三十六号・一九九六年二月号)の見返しにこの詩はあった。この号に掲載されている論文「対話的他者としての教師」で、筆者の佐藤学《さとうまなぶ》氏が、この詩を授業した考察を書かれている。そこで佐藤氏が言われるように、「生々しい変身の言葉、拒絶の言葉、一人で生きる意志の言葉を謳《うた》った」詩「き」に、私はひどく惹かれた。

き

谷川俊太郎

ぼくはもうすぐきになる
なかゆびのさきっぽがくすぐったくなると
そこからみどりいろのはっぱがはえてくる
くすりゆびにもひとさしゆびにも
いつのまにかはっぱがいっぱいしげってきて
りょううではしなやかなえだになり
からだはしゃつのしたで

ごつごつしたみきにかわっている
あしのゆびがしめったどろにとけていって
したはらになまぬるいみずがしみこんでくる
そうしてぼくはもうがっこうへいかない
やきゅうにもつりにもいかない
ぼくはうごかずによるもそこにたっている
あめがふりだすとてもきもちがいい
だれもぼくがそこにいることにきづかずに
いそぎあしでみちをとおりすぎていく
ぼくはもうかれるまでどこにもいかない
いつまでもかぜにそよいでたっている

（『はだか』〈筑摩書房〉から）

くり返し読むうちに、やがてこの詩の力は、四回使われている係助詞の「は」にあることに気づいた。

ぼくはもうすぐきになる

……略……

そうしてぼくはもうがっこうへいかない
やきゅうにもつりにもいかない
ぼくはうごかずによるもそこにたっている
……略……
ぼくはもうかれるまでどこにもいかない
いつまでもかぜにそよいでたっている

係助詞「は」は、「*主体や対象、行為・作用・状態などを特に取り立てて述べるときに用いる。*ハ文型の判断文は、題目に対する解説部分、質問の回答部分に当たる『何だ／どんなだ／何する』の述語部分に表現意図があるのは当然のことである。しかも、題目と解説との連合は話し手の判断によって行われ、それが真か否かは話し手の主観の責任となる。*否定文は『は』の判断文となりやすい。否定判断『……ではない／……しない』は、既定の題目があって初めて成立する判断である。*ハ文型が非現場における判断の主題を共通の題目として取り上げる意識から、〝他はどうか知らないが、これは……〟〝他はそうではないが、これは……〟という対比意識が伴ってくる」（森田良行『基礎日本語』角川書店）。

いま、われわれは、自分を主題にすえた、一人称ハ文型の判断文（とくに否定文）を、日常のなかで、どれだけ自己の責任において使えているのだろうか。主体意識を欠いた受身形の文章ばかりを書いてはいないだろうか。

子どもが、先生に、友だちに、親に気兼ねして使いたくても使えない一人称ハ文型の判断文（とくに否定文）。そのジレンマはやがて自己へのあきらめとなる。これは反対に、匿名ならばなんでも言える精神態度、匿名で日ごろのうっぷんを晴らそうとする無責任な言動につながってゆく。他人のうわさ話、誹謗中傷、デマ、何でもあり、だ。加害者の特定できない巧妙ないじめのやり方そのものだ。これはそのまま、いまの大人たちの精神状況でもある。

自分の意志と判断において何かをすること、否、むしろしないことの自覚の大切さを、この詩から読みとってほしい。周囲と隔絶し孤立することの恐怖におびえているかれらである。仲間はずしにあわずに、いかにして日々を大過なく過ごしてゆくのか。だから寄らば大樹の陰、長いものには巻かれろだ。率直に自分の思いは語れない。――これがいまの子ども（大人も）の行動の基準ではないのか。こんなかれらの意識に、「き」を読むことでちょっとした揺さぶりをかけたい。そしてかれらのなかに隠されている、願いや怒りや拒絶やあこがれ、希望、嫌悪、批判……にことばのかたちを与えたい。

きみは変身して、何になりたいか

まずこう聞いてみた。

「きみがいま、何かに変身できるとするなら、何に変身したい？　それは、なぜ？」

さまざまな変身願望が出た。鳥になりたいと答えた者がいちばん多かった。「誰にも生活を束縛されることもなく、いつまでも自由に大空を駆けめぐることができるから。いろんな人の喜びや悲しみを、その人に気づかれることなく空の上から見ていられるから。——カオリ」。

空や雲になりたい者も何人もいた。空になりたいアキコ。「いつでも世界中を見ていられるから。機嫌がいいときには海の色を思いっきり反射させて、機嫌が悪いときには雨雲でも呼んで雨を降らせて、みんなを困らせて、その困った顔を見て笑う。のんびりしたいときには、雲でも浮かべておしゃべりをして、そんで暑い日に、たまには風でも吹かせてやろう。寒い日には雪と風を降らせてもっと寒くしてやる。そういうふうに、いつでものんびりとやさしいから」。

雲になりたいケンタとジロウ。「雲になって下界をながめてみたい。雲になって風に流されてみたい。何もしないでただ浮かんでいるだけでいいから」。

ほかにもいくつか。「ドラエモンになりたい。なぜなら今を精いっぱい遊びたいから。——ミキオ」「うちの犬になりたい。いつも昼寝をしているから、うらやましい。——ミエ」「僕はかわらです。ひなたぼっこをしたいから。——タダシ」。

この変身願望はすなわち、他者に束縛されたくない、自由でありたい、気ままに暮らしたい、のんびりしたい、いっそ何もしたくないという願望であるのだ。しかし、このことは、かれらがじっさいにおいて無精で怠惰であるということではない。むしろ無為は罪悪であるという意識のもと、勤勉さと不断の努力を大人たちに要求され、つねに何かにガンバっていなければならない生活、つねに何かに追いたてられて、とらわれの意識に苦しんでいる証左ではないのか。カオリもアキコもケンタもジロウも、みんなまじめながんばりやなのだ。ケンタとジロウは生徒会役員で、教師に劣らず多忙な毎日である。

女になりたいと書いた男の子が三人いた。「男を誘惑してみたい。――タケル」「女の気持ちを知りたい。――セイイチ」。

反対に男になりたいと書いた女の子がひとり。「何でもできるから。――ノリコ」。

彼女は女であるがゆえに自由ではないことを感じているのだろうか。一見のびのびと「自由に」ふるまっているように、私には見えるのだが……。

たとえば、飛行機、車、校長先生、ブルース・リー、しろながすくじら……さまざまな変身願望が出た。しかし、自分が木になりたいと思う者はひとりもいない。

生徒は詩「き」をどう読んだか

こうやって詩「き」を生徒に与えた。まず私が朗読しよう。

「ぼくはもうすぐきになる」――いきなり自分の強い意志の表明である。だからここは大きく息を吸って、決然たる響きで読む。生徒はびっくりしたような顔をしている。読みおえたあとに、簡単な感想を書いてもらった。

★谷川さんよ。木はそんなにいいもんじゃないぜ。だってよ、木は言葉も話せなければ、友人もいないんだぜ。病気になってもしらんふりされて。君はそれでもいいというのか。俺はイヤだね。まあ、孤独でよければいいんだけど……。――マサオ

★『き』って少しさびしいかもしれない。ずっと同じ所に何百年もたたずんで、誰ともしゃべらな

いし、何もできない。それに最近は森林伐採や酸性雨などで大変だと思う。でも一番さびしいのは人間だろう。自分がよりよく暮らすためには少々の犠牲をともなっても何も感じない。「ぼく」の選択は正しかったのかもしれない。――ユリ

★この少年はなぜ木になってしまうのだろう？　人間のままならばたくさんのいろんなことができるのに……。かぜにそよいで立っているだけなら、自分のしたいこともできないのに。この少年は木になることを悔やんではいないのだろうか。人間から木になることに抵抗しないのだろうか。――サチコ

★何となく悲しい詩だな。現実を遠ざけたいという気持ちが伝わってきたような気がしました。――ミズエ

★自分の道を持っていて、なんだかとてもうらやましいです。私も木になりたい！　そう思う時があります。――ナナコ

動けないこと、何もできないことへの拒否の姿勢をあらわにした感想がほとんどだった。おそらくナナコだけが「いつまでもかぜにそよいでたっている」だけの木になる「ぼく」への共感を表明した生徒であった。

さあ、これからどう読みすすめようか。そこで、はっと思いついたのだ。そうだ、森がある。生徒を森へ連れていこう。森を教室にして、森のなかで詩を読もう。森の気に包まれること、木々のにおいをかぐこと、木に触れること、じっと止まっているような冬の森の時間に浸ること。ほんも

のの「き」とじかに触れあうこと。生徒の身体を森の空間と時間のなかにおくことによって、このテキストとかれらのあいだに思いがけないドラマが生まれるかもしれない。——そう思ったのだ。ありていに言えば、気楽に、束縛されない緩やかな時間と空間のなかに身をおいて、「き」を媒介に、のびやかな、意味深い時間を子どもと共有したい、ということなのだ。

冬の森で一本の木に詩を呼びかける

翌日の授業は、詩「き」のプリントを携えて森へ行く。森にはじめて足を踏みいれた生徒も多く、目のまえの神秘の空間に待ちうけているものを期待しながら奥へと分けいった。

二月の朝の森はひんやりして薄暗く、鳥の声もまだ聞こえない。枯れ葉を踏みしめながら奥へ奥へ。森の精や元禄の人骨、タヌキやウサギや鳥たちが、突然の闖入《ちんにゅう》者の群れにびっくりしていることだろう。大きな沼、苔むした石垣、墓石、倒木、梢から垂れ下がった太いかずら——学校のすぐそばに、われわれの日常とは異質の空間があり時間が流れている。

木々は息をころして立っているが、やがて来る春の祭典の準備を着実に進めている。試みにひと枝手折ってみるがいい。ぷんとかぐわしいにおいが立つ。私はそこで蕪村《ぶそん》の「斧入れて香におどろくや冬こだち」の句を紹介する。

「幹に耳を当てると、木のなかを水の流れる音が聞こえるというよ。やってごらん」

それを聞いた生徒は、てんでに木に頬ずりをしながらせせらぎの音を聴きとろうとする。「これぞと思う木によりそって、その木に向かって『き』を声に出して読みなさい。その木に呼びかけるつもりで大きな声で何度も読みなさい。それから簡単な感想を書きなさい。そしてこの詩の続きを書いてみなさい」と言って、森に放った。

「ただし、あまり遠くに行かないように。私の声が届くところまでだよ」

虚構と変身の詩である「き」の学習こそ、『第三の書く』（青木幹勇《あおきみきゆう》）で示された方法、すなわち虚構の作文、理解と表現の連動という方法がぴったりなのではないか。そこで、書きたしという方法を使って、生徒と「き」との〈和解〉を試みた。森のなかに入って自分が見つけた一本の木によりそって、詩の続きを書くのだ。

生徒は二、三人で組んで森の奥へ散っていく。やがて自分の木を見つけたのだ。あちこちから声が聞こえてくる。私はかれらのあいだをまわって朗読を聞く。

「ぼくはもうすぐきになる……」。シンゴは栗の木の下で。

「なかゆびのさきっぽがくすぐったくなると……」。ハルミは斜面に生える大木のそばの細い木のそばで。

「あしのゆびがしめったどろにとけていって……」。あれ、ユウゾウは墓を包んでいる榎《えのき》になっているぞ。

ミチルとノリコは高い木の梢を見上げて読んでいる。梢のあいだからちらちら冬の青空がのぞく。きょうは暖かくなりそうだ。くり返し読むうちに、遠くの声がよく届いてくる。教室のなかだったらこんなに通る声は出まい。それが薄暗い森のあちこちから交錯しあう。木漏れ日が当たった生徒の横顔には、はっとするような存在感がある。
やがてさざめきはやみ、森には静寂が戻った。かれらはつぎの課題に入ったのである。
こうやって「き」を読み、書きたしの詩を作って、かれらは森のなかから出ていった。

森のなかの「き」、百四十の「書きたし」

森に入るといままでの自分とは少し違った自分になれる。それは森の生物の一員としての自分だ。森の気に抱かれて、教室の自分とは異質な自分が生まれる。

百四十人の「ぼく」の〈つぶやき〉が聞こえてきた。これをたがいに紹介しあう。そのなかから。

★木はうごけない。木はしゃべれない。木はなにもできない。でも何だか木はいいなあ。何十年も何百年も生きられる。だまっているけど何でも知っている。木は人間よりえらい。——キミコ
★木ってつらい。動けないし、話せないし何もできない。ときどき吹く風に体がゆれて、生きていることを確かめる。いつもは立つだけ。でも、木は生きている。静かな命を持っている。——ジュンコ
★みんな木にはあまり気づいていないからかわいそうだ。木はほんとうに影が薄い。——チエ
★僕は木になったら、見えるものをすべて見ながらのんびりくらします。——コウイチ
★森というのは、とても落ち着ける大事な場所だな。——シンジ
★木になるためには時間がかかる。長い間じっとして木になったこの人はすばらしい。——ジュン

ヤ
★大きくなるためには相手を蹴落とさなくてはならない。自然は厳しい。――マサオ
★木は日の光に向かって伸びていて、いろんな形をしていた。曲がっているものがあった。石の間から生えている木が不思議だった。――ススム
★太陽の光とどかぬやみの中、一人孤独に暮らしてみたい。――ヨウゾウ
★でも僕は一人ではない。家族も友だちもたくさんいる。だから、ぼくは大丈夫。――タケシ
★木は同じ種類のものでも一本一本形が違う。この人は自分だけがやりたいことをしたかったのか。――ヒロトシ
★僕はあらためておもう。森にはやさしさがあふれていると。――ミキオ

さらに、生徒たちは、詩「き」につぎのような〈書きたし〉を続けていった。

◉そしてまたはるがきて、ぼくはきれいなはなを、たくさんたくさんさかすんだ、けどにんげんはぼくのことをほめてはくれない。――ナオコ
◉何の規制にもしばられず、ここを通る人をそっと見守る。――キョウコ
◉光さえも届かぬ、神さえも気づかぬこの空間で、一人空しく生きていく。だれも気づかない孤独な空間で。――コウタ
◉ぼくの友だちは枝に止まる鳥たち

風、太陽、そしてかわるがわるめぐってくる四季
友だちはみんな動いているのに
ぼくは動かずに今日もまた
そこに立っている――フミ

◉太陽の光が葉に当たり、あおあおとしげっている。
風が吹くと他の木たちがさわいでいる。
僕にはたくさんの仲間たちがいる。
いっしょに歌う鳥たち、たくさんしゃべる風。
春には花が咲く。
四季が移り変わるごとにたくさんの色の花になる。
僕は木でよかった。――マサミ

◉ぼくのところに鳥がやってきた
春というおみやげをたずさえて
ぼくの体のあちこちで
いろんな動物の人生が展開される
あたらしい命の誕生
別れ
死

でもぼくはなにもできない
いつまでもそこに立っているだけ――マチコ

教室で一行ごと、一語ごとの訓詁注釈的授業をしなかった。けれど、森に入り、木によりそうことで、木になった「ぼく」との〈和解〉をそれぞれの仕方で果たしたのではないだろうか。

（一九九七年）

授業「木になる」PART2

✿「自分の木」を詠む［中学二年生］

木は学校の歴史を見つづけてきた

学校の敷地にはさまざまな木が植わっている。六十四本の桜にはじまり、杉、椿、茶、石楠花《しゃくなげ》、楠、夾竹桃《きょうちくとう》、躑躅《つつじ》、梅、アカシア、棕櫚《しゅろ》、無花果《いちじく》、茱萸《ぐみ》、八手《やつで》、椎《しい》、一葉《ひとつば》たご、千両、南天、貝塚《かいづか》伊吹《いぶき》、柿、山茶花《さざんか》、百日紅《さるすべり》、五葉松、楓《かえで》、真木《まき》、桑、ポプラ、黒文字《くろもじ》、フェニックス、梔《くちなし》、銀杏《いちょう》、薔薇《ばら》、月桂樹……まだまだあるぞ。戦後まもなくのN中学校の写真を見ると、小高い丘の上に木造の校舎がでんと建っているだけ。ほかには何もない。北風は容赦なく吹きつけていただろう。今年定年退職した同僚のOさんは、昭和二十年代の終わりにこの学校で校長を務めていた父親が、生徒といっしょに桜の苗を植えた話をしてくれた。

昭和二十年代から三十年代にかけて、教師と生徒が協働し、営々として木を植えてきた。殺風景な丘が、やがて潤いと奥ゆきのある学びの空間へと変わることを夢見て。戦後民主主義教育のシンボルとしての新制中学校。その学校づくりに教師ばかりでなく生徒も参加した。その事実を私は、植物園さながらの校庭の中庭の木々の繁茂に読みとる。これからの授業「木になる」は、先人たちの学校づくりの歴史を再生する試みでもあるのだ。私は生徒にこう投げかけた。

たしかに木は動け（か）ない。それがきみたちが木になりたくない最大の理由、「ぼく」に対して抱いた疑問だったね。「自由」を求めるきみたちにとってもっとも嫌いなことだ。

動けない苦しみ、悲しみがあるだろう。しかしそのよさも考えてごらん。学校の木は、戦後すぐ中学校ができ、植えられたときからもう五十年もこの一点に立ち、四季の移ろいのなかで、N中学校の生徒と先生、めまぐるしく変わる眼下の風景をじっと見てきた。きみたちのお父さんやお母さんの中学時代も見ていたんだよ。ひょっとしたら、植えられたばかりの桜の苗はきみたちのおじいさん・おばあさんを見ていたかもしれないね（全校生徒の三分の一の親のいずれかが本校の卒業生である）。また将来、自分の子どもがここの木たちに見守ってもらう人もいるだろう。すべてがめまぐるしく変わる時代、きのうのほんとがきょうはうそになる時代、きのうはAと言っていた人が、きょうはB、あしたはCと言う時代、こんな時代だからこそ、変わらぬ一点に立ちつづけて物事をじっくりと見、考え、発言することが大切ではないだろうか。

それから数日をかけて、校庭のなかから自分が変身して語りたい木を探させた。

分身として選んだ木のつぶやきを聞く

授業の日は数日ぶりに暖かさが戻った。校門に集まった三十五人は、グラウンドから中庭から体育館の裏から、校門に続く坂道から……学校のあちらこちらに散っていった。自分の木によりそって、五十分間をその木になって木のつぶやきを書きとめてゆく。それは「木」を媒介にした、内なる自己との対話なのである。

地面に座り込み、裸の木を見上げ、何かを熱心に書きつけているかれらを、先生たちが職員室や廊下の窓からいぶかしげに見ている。

私はカメラを手に駆けまわる。一時間で、生徒の詩を見、ひと言コメントし、そして木によりそった一人ひとりの写真をとる。広い敷地にくまなく散った三十五人にこれだけのことをするのだから、汗だくになる。

マサオは棕櫚の木に抱きついてにっこり笑った。ヒロアキは桜の木によじ登った。ジュンイチは、なんと逆さになって桜に抱きついた。ミカは体育館裏の日陰に生える小さな無花果のそばにしゃがんだ。サチコは真っ赤な花をつけた藪椿を見上げた。トモノリは枝ばかりの柿の木の幹になって、真一文字に口を結んだ。身長百八十四センチのヒロユキが選んだのは、高さ五十センチの名も知らぬ木。そばにしゃがんではにかんだ。小さなヒロミは、体育館前の桜の大木の幹に背をぴったりつけて、背伸びして立った。

こうやってできた木のつぶやきは、写真とイラストを添えて画用紙に書いて、発表しあった。

カズオは木とボールに寂しさを託した

カズオは山遊びが大好きである。夏になると、近くの山に入ってとったクワガタムシやカブトムシを、ズボンのポケットに突っ込んで学校にやってくる。先生の娘にあげると、りっぱな角を生やしたカブトムシをもらったこともある。いまは学生服のポケットにハムスターとひまわりの種を入れて登校している。知的障害があっても、山遊びと虫とりにかけては彼は近所の小学生の先生である。同級生が塾や部活動で忙しい日曜日、彼は子分どもを引きつれて森へ入る。だから森のことは彼に任せろ。S岳はカズオの遊び場なのだ。

しかし、いったん教室へ入ると、彼は硬直した身体を椅子に座らせて五十分をじっと耐えていなければならない。やがて教室に入らなくなり、廊下をうろうろしはじめた。寂しいのだ。寂しくてしようがないのだ。

この時間もカズオは、何をすればいいのかわからず、ひとりでぶらぶらしていた。私もやることがいっぱいで、彼に十分にかかわることができなかった。やがて写真ができあがった。画用紙に写真を貼り、そこにイラストを添えて詩を書く。みんな、自分の作品づくりに黙々と取り組んでいる。ところが、彼だけが写真がない。ぼんやりしているカズオを連れて、私は外に出た。写真だけでもいい。とにかく校庭のどれかの木といっしょに写真をとってやろう。

「どの木ととろうか。きみはどこの木になりたい?」

「ぼくはバスケットコートの木になりたい」

ふたりはバスケットコートに足を運んだ。カズオはバスケットが大好きなのだった。彼はバッグにボールをひとつ入れて学校に来る。そして朝から二、三人の仲間とバスケットに興じている。冬のこの時期は、頭から湯気を立ちのぼらせて、汗びっしょりで朝の会の始まる教室に駆け込んでくる。

ところが、バスケットコートのそばは崖になっていて、そこからコートの上に張りだした木があるものの、そこへは危なくて近づけそうにない。

「ぼくはこの木になる」

「じゃあ、この木を入れてとってあげるからコートに立ってみなさい」

「いや。ぼく、木に登る」と、カズオは聞かない。彼は上履きのまま崩れた石垣に足をかけ、崖をするすると登っていく。私ははらはらしながら見守った。めざす木にたどりつくと、今度は幹をよじ登ろうとする。

「よし、そこでいい。動くな!」

カズオは気どってポーズを決める。

「先生。いいよ」

しんとして作品づくりに没頭している教室に戻ると、カズオはすぐに詩を書きはじめた。いままで鉛筆を握ろうともしなかったカズオが書いた、はじめての詩がこれだ。

木

ぼくはバスケットコートの上の木になった。

いつもみんなが楽しそうにしている。

ぼくの体に鳥がとんできた。

だまっているとぼくのあたまに小鳥のすがあるじゃないか。

夜になったら昼あそんでいる虫や鳥たちがきて、ぼくの体にかぶとむしたちがとんできた
じゃないか。

そしていろんな虫たちもとんできた。

ちかくの森からふくろうがとんできて、ホオホオとないているんだ。

朝になるとカラスがとんでくる。


私は大きな声でクラスの生徒に読んでやった。よほどうれしかったのだろう。

「今度はぼくはバスケットボールになる」と言ってたてつづけに書いた。

バスケットボール

ぼくはもうすぐバスケットボールになる。いつもみんなはぼくをつかってバスケットを

たのしくあそんでくれる。そしてみんながいなくなった。ぼくのちかくにうさぎがぴょんぴょんととんできた。うさぎはたのしそうにそこらじゅうぴょんぴょんとはしりだした。そしてなにもなかったように森のなかにかえっていく。うさぎのうしろすがたをみると、じぶんもあんなふうになりたいなとおもっても、ぼくは足もない、手もない。みんながぼくをあそんでくれるからうれしいんだ。みんながいないがっこうはさびしいんだ。みんながぼくのすぐちかくであそんでいるひるまのがっこうはとてもたのしいんだ。

「愛するものに関してだけ、人はすぐれた批評家になりうるし、言葉を導き出せるし、他人にも何ものかを伝えうるだろう」〈茨木のり子「詩は教えられるか」、『言の葉さやげ』〈花神社〉所収〉。カズオの詩はこのことばが真実であることを証明している。愛するものを自分のうちにしっかりと持っている者はしあわせである。自分がほんとうに愛するものを探すこと、それを自分のうちに育てることが、自分探しにまっすぐつながっていくのではないだろうか。

さて、ここで生徒の作品をいくつか紹介しよう。

同じ木からも生徒それぞれの詩が紡ぎだされる

◉体育館前のN中でいちばん大きな桜の木になって――十人あまりの生徒がこの木に変身した。

空

ヒロミ

気がついたらここにいた
それから動くこともなかった
ずっと　ずっと
同じ場所から
同じ空を見てきた

あきることはなかった
同じ空だけど
一日一日
表情がちがうから

通り過ぎてゆく
白いわた雲が
横目で聞いてきた
「いっしょに旅したいと思わないかい」

桜　ジュンコ

桜の花が満開の季節になると、在校生のみんなは私を見て喜ぶ。桜の花のトンネルをくぐり抜けてきた入学する子どもたちも私を見て喜ぶ。まるで自分の希望が大きく開花したかのように。そして言うのだ。「きれい」だと。……うれしいけど……「きれい」、それだけだ。後はピンク色の夢の季節が移り変わってゆくと、もう誰も私のことなど見向きもしない。それに最近、私の根の上にある固いコンクリートの道がとても重苦しい。でも、それでいい。毎日、生徒の顔が見られるんだから。それが一番幸せだから。私はこの先、何百年もこの場所に立っていられる。変わりゆく生徒の笑顔とずっと一緒に。

春への招待状　サエコ

こんにちは、みなさん。お元気ですか？
わたしは今日はとても気分がいいんですよ。
なぜって、もうすぐ春がやってくるからですよ。
わたしの枝の先のつぼみもこんなにふくらんで、今にもはじけそう。
流れる風もふんわり暖かくなってきた。
それに、ほら。わたしの足元を見てくださいよ！

ごつごつとした木の根の間に、
小さな芽が顔を出しているでしょう。
こんなにすてきなことが他にありますか？
さあ、みなさんも来てください。
たくさんの生命が生まれる春の季節に。
その時はわたしも淡いピンクの服を着て、
仲間たちといっしょにお待ちしていますね。
それでは　その時が来るまで……。

N中の体育館前の桜の木より

◉プールのそばのフェニックスになって

おいらの話を聞いてくれ　　マサオ

今日おいらの話を聞いてくれ
せみがミンミン鳴く頃にゃ
四本足の連中が
四角い池におぼれにやってくる

なのに顔は笑ってやがる
でもあいつらはいいやつだ
おいらに水しぶきをかけてくれる
暑い日にゃ
水は気持ちいい
ありがてえ
でも　この頃こねえんだ
なあ　今度あいつら見かけたら
伝えてくれ
またおぼれにこい
待ってるぜ　ってな

木の名前　　ユキトシ

プールの前の木です。
何という木なのかわからない。
でもみんなはこう言う。
ヤシの木。

パイナップルの木。
どれもほんとの名前じゃない。
何ですかね。ほんとの名前って……。
あっ！　そーでした。
ほんとの名前はプールの前の木でした。
でもそれでいいんですかねー？
木に名前なんて必要ないかもしれません。
木は木ですから。

選んだ木に自分の内面が映しだされる

◉運動場のテニスコートの横のポプラになって

君といっしょに　　ユウイチロウ

いっしょについてる葉はあなたと過ごした時間たち
思い出は枯れ葉になってどこかへ飛んでゆく
あなたに会えなくなってから私は独りぼっちの木

三月の新月だけがこんな私を知っている
あなたのようになれたらと憧れる
その思いが私に力をくれる
気づいてよ　バカ
やっと言う気になったら
もう先の方から枯れている
やさしい人たちのさりげない同情を×と大きく枝で書いた
少し生き返ったような気がした
それでも今日はこんな私に気づかずに通り過ぎてゆく

◉森のなかの小さな木になって

私の居場所　　アキコ

どうしてここにいるのだろう
こんな冷たい風にあたり
頭の上だけ太陽の光がふりそそぐ
どうしてここにいるのだろう

いつもの場所に鳥が止まり
となりの木とおしゃべり
どうしてここにいるのかわからない
外へ出ようと思っているけど
私はこの場所が大好きだから
ここにいる

◉中庭の銀杏の木になって

ぼくの世界　　キヨコ

今日も小鳥のさえずりでぼくの一日が始まる。

今日はどんな一日になるんだろう?

ちょっと後ろを振り返ると、いろんな顔をした生徒たちが、いろんな授業を受けている。

ちょっと耳をすますと、きれいなメロディーが風と共に流れてくる。

ずっと聴きいっていると、今度は大きな怒鳴り声が聞こえてきた。

また、あの子が怒られてる……。

あれからどのくらい時間がたったのだろう？
教室をのぞいても、周りを見わたしても、誰もいやしない。
みんなぼくには見えない所へ行ってしまったんだ。
人間ってのはいろんな所に行ってしまう。
でも、ぼくはずっとここで、この場所で、明日の世界を見ていくんだ。
永遠に……。

◉校門の椿になって

あこがれ　　サチコ

毎日　この坂を登ってくる生徒たち
小さいころ　この場所に来た時から
それは　変わらない
私は椿としてここにいるしかないけれど
この子たちはたくさんの可能性を秘めている
きっとこんな子どもがもっとたくさんいるんだろう

そしてみんな学校を離れていくのだろう
私と同じように
大きくなっていろんなことを知るだろう

私は椿にしかなれないけれど
この子たちは　いろんな道を選べる
だから　私のように一つの道しか歩けない
そんな大人にならないで
たくさんの道を歩いて
その笑顔を忘れないで

◉校門の楠になって

心があるから　　　マリコ

私は生きているのかわからない
だから教えてほしいと思ってる
そうっとさわってみて胸に耳あててみて

聞こえる、それなら教えてほしい
なにか思えるのがうれしい
いいにおいだってみんながいってくれるのがうれしい
落ち葉にうずもれてくれる誰かがいるのがうれしい
せみの子がつかまって生きようとしてくれるのも
こもれ日の下で遊んで大きいなって抱きついてた子も
全部うれしい
うれしいと思うのは、生きてるのと違うかもしれない
でも私は私で心があるならそれでいい

◉棕櫚の木になって

へんな木　ソウキチ

おまえって変な木って
飛んできたアホウドリに言われた。
たしかにおれの頭はバクハツしてるけど

たしかにおれは細いひょろひょろの足だけど
俺は俺なりに一生懸命に生きている。
天に向かってまっすぐに生きてる。
雨にも負けず風にも負けず
それが俺の生きざまだ。
笑うなら　笑え！

◉体育館の裏の小さな無花果の木になって

小さな僕だけど　　ミカ

僕は小さな小さな木
高さはたったの一メートル
太陽からも見はなされ
チョウチョや小鳥も僕をす通り……。
たまに来る中学生に腕を折られりゃ
僕はすぐにでも枯れてしまうだろう……。
それに、こんな僕に見せつけるかのように満開に咲きほこっているとなりの木。

いつも誰かと楽しそうにおしゃべりしているんだよ。
——きっと僕を鼻で笑っているんだね。——
でも今年、こんな僕にも希望が生まれたよ。
芽が出たんだっ！

◉池のそばの築山《つきやま》の木になって

私の誕生　　ヨシエ

私はいつからここに立っているんだろう。中庭の池のすみに今こうやって立っている私……。どこからきたのかいつから立っているのか誰か教えてくれないだろうか。私は動けない。足は地面に埋まったまま。根は水を吸い上げる。風は私の枝をゆっくり、たまに強く折れそうになるほどゆらしていく。それでも私はめげずに立っているしかない。それが私の「定め」なのだろうか。

そうだ、風に聞いてみよう。風はいろいろなところをまわり旅をしながらやってくる。そんな風なら私の誕生を知っているかもしれない。私は風に尋ねてみた。けれど風は葉をゆらし、おかしそうに笑いながら去っていった。

でも私はあきらめなかった。みんなに聞いてみよう。私を照らす太陽に、まわりにしげる草に、飛んでいく鳥に、池の鯉に、そして私の横を通る人間たちに……。少しでも気づいてくれるように隣の梅の木みたいに花なんか咲かないくせに、枝を精いっぱい上にのばし、花に負けない緑の葉をつけるんだ。そしてこう尋ねる。「ねえ、君は私がどこから来たか、誰なのか知らない？」

それからの私の日課はこれを聞くこと、あきらめないこと。だって世界中に一人は私の生いたちを知ってるはずだから……。

◉保健室のまえの楓の木になって

木の心　　タケシ

ぼくは保健室の前の木です。僕は昔から保健室に来る人々を見てきました。大けがしている人、病弱な人、気絶している人、心の相談に来る人、そういう人を見てきました。そうするうちに僕も病気にかかっていました。今では幹には穴が開き、砂がつもり、枝はくさり始め、葉は少なくなる一方です。根はくさり、日光が当たっても元気が出ません。でも、僕はもういいんです。今まで見てきた子供たちが元気に育ってくれるのなら、僕一人の命ぐらいなくなっても。でも、もう一度あの子供たちの笑顔が見たいなあ。

子どもはだれでも「自分の森」をもっている

なぜこの子がこの木を選び、この詩を書いたのか。一枚一枚の作品を読み解きながら私は、子どもは一人ひとりがそれぞれの森（他人がみだりに踏み込んではならない禁忌の領域。あるいは他者にはわからない、もしかしたら自分自身すらわからない神秘の空間）を自分のなかにもっていることに気づいた。かれらが紡ぎだしたことばの背後に広がる深い森。そして私は、いまやっとその入り口に立っている。これが私が「木」の授業で発見したことだった。そうして、かれら一人ひとりがほんとうにいとおしく思えてしようがなくなったのだ。

（一九九七年）

俵万智と恋をする

✿相聞歌で恋愛へのあこがれを詠む［中学二年生］

『サラダ記念日』を本歌にして相聞歌を作る

七月十日の二年生の公開授業は歌会をした。題して「俵万智《たわらまち》と恋をする」。二時間（二コマ）百分の授業である。先に生徒は教科書で短歌の学習を終えたばかりである。

万葉のなかで私が大好きな歌のひとつに、大津皇子《おおつのみこ》と石川郎女《いしかわのいらつめ》とのあいだで交わされた歌がある。名高い歌ゆえ、ご存じの方も多かろう。

あしひきの山のしづくに妹《いも》待つとわれ立ち濡れぬ山のしづくに　大津皇子

吾《あ》を待つと君が濡れけむあしひきの山のしづくにならましものを　石川郎女

深い森のなかで人目を忍んで逢う若い恋人たち。この贈答歌は、ふたりの恋に特別な事情があったことを物語っているが、それだけに、おたがいの相手に対する深い思いやりをたたえていて、はじめて読んだときにいっぺんで好きになってしまった。今回の授業を構想したきっかけは、この相《そう》聞《もん》歌《か》にあった。

授業での活動は虚構の短歌の創作、しかも相聞歌の創作である。しかし、学級の男子生徒と女子生徒を恋人どうしにはできない。そこで歌人の俵万智の恋人に変身させて、そこで恋人らしさを競わせてみようというのだ。だから女子生徒も、恋人の男性になることを要求される。

俵万智の歌集『サラダ記念日』（河出書房新社）を、学習部の生徒五人に与えた。

「この歌集には、作者が『君』や『あなた』（すなわち恋人である）に呼びかけている歌がたくさんある。そのなかから、自分が俵さんの恋人に変身して返歌をしたいと思う歌をいくつか選びなさい」

数日後、歌集はたくさんの付箋紙がつけられて、私に戻ってきた。そのなかから私はつぎの歌を選びだした。

1　また電話しろよと言って受話器置く君に今すぐ電話をしたい

2　「また電話しろよ」「待ってろ」いつもいつも命令形で愛を言う君

3　この時間君の不在を告げるベルどこで飲んでる誰と酔ってる

4　君と食む三百円のあなごずしそのおいしさを恋とこそ知れ

5　潮風に君のにおいがふいに舞う　抱き寄せられて貝殻になる

6 「おまえオレに言いたいことがあるだろう」決めつけられてそんな気もする

7 「この味がいいね」と君が言ったから七月六日はサラダ記念日

8 金曜の六時に君と会うために始まっている月曜の朝

9 一時間たっても来ない　ハイソフトキャラメル買ってあと五分待つ

10 スパゲティの最後の一本食べようとしているあなた見ている私

11 立ったままはふはふ言って食べているおでんのゆげの向こうのあなた

相聞歌の呼吸を感じとる

今回の授業はチーム・ティーチングを試みた。相棒はOさん。今春、大学を出たばかり。新任の国語教師である。

歌集『サラダ記念日』を生徒に示して言う。

「きょうは、きみたちは、この歌集の著者である、歌人の俵万智さんと恋をしてほしい」。生徒は怪《け》訝《げん》な顔をする。私は続けて言う。

「この時間、あなたがたは俵万智さんの恋人に変身します。女の子もしばし男になってください。そして、恋人の俵万智さんにあてて歌を詠《よ》むのです。きょうの授業は、題して『俵万智と恋をする』です」。生徒はまだ何のことだかわからない。

「相聞歌という、万葉以来の歌の伝統があります。夫婦や恋人といった、愛しあう男女のあいだで交わされた歌です。贈答歌ともいいます。いっぽうが歌を相手に贈り、贈られたほうはその返事

（返歌）を歌で詠む。実際にやってみましょう」

ここで大津皇子と石川郎女の贈答歌を紹介する。しかも寸劇で。私は大津皇子の役。対する石川郎女の役はOさんだ。ふたりは森のなかで逢いびきをし、歌を交わしあう場面を即興で演じた。生徒は大喜び。相聞歌について、またこの贈答歌についてくだくだしい解釈を講ずるよりも、わずか数分の寸劇のほうが生徒は、歌が詠みかわされたときの気合いを直感的に飲み込めるように思う。

たがいに相手への愛と思いやりとを表現しながらも、ふたりはもたれあってはいない。その丁々発止のことばのやりとりに、表現者として鎬《しのぎ》を削るさまが伝わってくる。その、精神が切り結ぶさまに私は感動する。

「いまから、学習部の人が選んでくれた歌を紹介します。歌のなかで俵さんは『君』や『あなた』ということばで恋人に呼びかけています。そこで呼びかけられている『君』『あなた』に自分がなりかわって、俵さんの歌への返歌を詠みなさい」

十一首の歌を私とOさんが交互に読みあげ、ごく簡単な説明を加える。生徒はそれを聞いて、自分が返歌を詠みたい歌に目星をつける。

いかに自分が当事者になれるか。「君」や「あなた」になりきって、歌人の愛情を受けとめられるのか。そして真摯に誠実にその返しが詠めるのか。相聞歌を詠むことは、俵万智の歌をわがこととして深く詠むことにほかならない。これまでの短歌の授業で学んだことがらを精いっぱい活用して歌を詠む。しかも、たんなる詠み手ではなく、作者と同じ次元に立つ表現者として。

恋人になりきって返歌を詠む

いよいよ返歌作りである。創作時間は二十分。この時間で全員が一首は詠む。そして詠めるだけの数を詠む。

このとき、ペンネームの使用を許した。虚構の歌には、自分に冠された固有名詞から自由な表現者がふさわしいのではないか。俵さんの恋人により変身しやすくなるのではないかと考えた。中学生が照れずに恋の詩が詠めるのである。

「歌を詠むときのコツ。一番目。自分しか詠めない歌を詠め。表現の上手下手ではなく、私らしさ。このことばは私だけのもの。そんなひと言が生まれたらすばらしい。二番目。おおいにうそをつこう。うそつきは泥棒の始まり？　いいえ。うそつきは作家の始まりです。うそのかたちをとってしか表せない真実がある。真実が込められた真っ赤なうそをつこうではありませんか」

それから二十分間、生徒は指を折りながら作歌用紙にことばを書きつらねてゆく。

短歌を詠むのは、これで三度目である。一度目は五月三日。校庭の中庭に咲きはじめた紫陽花《あじさい》を題材に、はじめて三十一音を連ねる経験をした。このときまでに短歌を詠んだ経験のある生徒は、わずかに三人であった。二度目は、ひと月後の六月三日から五日にかけて。二泊三日の野外宿泊学習での体験を短歌に詠んだ。たったこれだけの作歌経験にもかかわらず、今回は鉛筆が走る、走る。過去二回の筆の走りようとはたいへんな違いである。なぜだろうか。

恋愛という、思春期の入り口に立つかれらの最大の関心事をテーマにとりあげたこと。それを虚構の表現に託したこと。表現の導きの糸としての俵さんの歌を、かれらが共感をもって素直に受けいれたこと。しかも三十一音という表現の枠組みが、散文表現よりもかえって素直に、かれらのあこがれや願いや関心を表出させたのだと思う。

ものの二分と経たないうちに、まっさきにイッペイが作った。

一時間たっても来ない　ハイソフトキャラメル買ってあと五分待つ　　俵万智
すまないなこんなに待たせてすまないな二人で食べよう恋のキャラメル　　グリーンランド

すばらしい。すぐに画用紙に書かせて黒板に貼る。

「ちょっと鉛筆を置いて。まっさきにできた、グリーンランドくんの作です」と言って読みあげる。うわあ。――歓声が上がる。当の本人は相当照れている様子だ。でもじつにうれしそうである。

「『すまないな』のくり返しに、この人の誠実さが出ているね。まさにこの人らしさがはっきりと出た歌だよ」

こんなときの生徒は、すでに歌会に集うライバルとしての意識をもっているのだろう。この第一作に刺激されてか、生徒の筆の勢いがさらに増してきた。

このあとの批評の交換で、この歌に寄せられたメッセージから。
★本当の熱い愛が表現されていてよかった。――ナナコ
★君はなりきっているね。二人で食べる恋のキャラメル、どんな味か僕も味わってみたいな。――

ショウタ

やがて一時間目終了のチャイムが鳴る。多くの生徒が複数の歌を詠んだ。なかには、十一首のすべてに返しをつけたミエコもいる。いずれも粒ぞろいの歌である。愛読書は、源氏物語、伊勢物語、枕草子。彼女は、王朝の雅《みやび》の世界にいま夢中なのである。だから、相聞歌作りは彼女の創作意欲に火をつけ、彼女は鉛筆を疾駆させた。彼女の返歌のひとつを黒板に貼ったときには、生徒から感嘆のため息が漏れた。

この時間君の不在を告げるベルどこで飲んでる誰と酔ってる　俵万智
酔ってても考えるのは君のことグラスに君が映って消える　ＳＯ

十分間の休憩に入るなり、生徒の緊張はいっきょに解放されて、かれらは仲間を自由に求めあいながら、おたがいの作品を読みあい、語らっている。すでに教室のあちらこちらで小さな歌会が始まっているのだ。私は、授業中よりもかえって自発的で伸びやかな、作品の「吟味」の場が出現したことを感じとった。ひょっとしたら、何かを「教える」という意味での教師は、このときには消滅しているのかもしれない。

しかし、まだ一首もできていないアキヒロが、ひとりせっぱつまった表情で指を折りながら、なんとかことばを吐きだそうと苦悶している。二、三人の仲間がよりそってあれこれと「支援」してくれている。私はアキヒロに一昨年の生徒の作品例を見せてやった。とにかく初句が決まればしめたもの。あとはそれに引かれて、やがてことばが数珠つなぎになって出てくるのを待てばいい。

教師も詠む

教室のうしろで授業を参観していたこのクラスの担任のAさんに、何人もの生徒が寄っている。なかのひとりが言った。

「先生も作ってみてよ」

そうなのだ。われわれ教師も、生徒と同じ空間と時間を共有しているではないか。彼女のことばは、われわれに教師としてよりも、自分たちと同じ表現者として、自分たちにつきあってほしいというメッセージなのだった。

さっそくAさんに画用紙とフェルトペンを渡し、いっしょに一首を考える。まもなく二時間目始まりのチャイムが鳴る。Aさんは本気になってなにやらつぶやきながら画用紙に向かっている。私のほうは焦りばかりがつのり、肝心のことばが出ない。アキヒロの苦しみがわかる。もう、ふたりの教師は生徒そっちのけ。夢中で三十一文字を紡ぎだす。チャイムが鳴った。走り書きの歌がなんとかまにあった。

さて、生徒は画用紙に返歌を書きつけ（複数を作った生徒は、教師のアドバイスをもとに自分のいちばんの自信作を書き）、それにペンネームを添えて、自分が付けた俵万智の歌のそばにいっせいに貼りだしてゆく。生徒三十六枚、それに教師が二枚。あわせて三十八枚の作品がところせましと黒板を埋めている。これをOさんと私とがかけあいで読む。Oさんが俵万智。私がその恋人に変身した生徒の返歌を読む。じつに楽しい。

「これ、ほんとうに中学生が作ったのかい」

「これ、ほんとうに酔っぱらったことがあるんじゃないの。うそでここまで詠めるか？」

そんなコメントをするたびに教室は沸きかえる。

注目のAさんの歌は、たちまち生徒に見抜かれた。

一時間たっても来ない　ハイソフトキャラメル買ってあと五分待つ　俵万智

はやる心おさえて車を走らせる永遠《とわ》に愛しき君に逢うため　from A

Aさんは、教職について二年目である。新任で中学一年のかれらを担任して持ち上がってきただけに、このクラスの生徒への思いは私などよりもはるかに深い。生徒もこんなに熱心で誠実な人柄のAさんが大好きなのである。先生の趣味は、愛車のスポーツカーでのドライブだ。週末にはF市に住むフィアンセに会いにいくというのが、もっぱらのうわさである。そのうわさがどうやら事実であることを裏づけるような歌なのだ。だからこの歌を読みあげたとたん、一座は沸いた。

何人もの生徒がメッセージをよこした。

★車に乗れるのは大人だと思うんですけど。——ヤスオ

★まるで大人が作ったような歌だ。——イッペイ

★とても大人の歌だ。A先生がこんなにすごい歌を作るなんて。すーごくキザだ。——コウジ

★あなたは一体……。永遠の使い方がキザっぽい。――アキコ

ちなみに拙作を。

「この味がいいね」と君が言ったから七月六日はサラダ記念日　俵万智

はにかんで僕の口元見てる君今日のサラダはひと味違う　太郎

たがいの作品を読む、読んでつながる

すべての歌の紹介を終えると、投票に移る。自分が気に入った歌三首を選んで、作者にあてて簡単なメッセージを添える。

このとき、その作品のどこがどうよいかに具体的に気づくために、以下の評価の観点を示した。

1　「君」になりきっているか。
2　本歌における情景や作者の心情を正しく理解したうえで作っているか。
3　本歌との「対話」が成立しているか。
4　以下のようなよさがひとつ以上あるか。
①形式（三十一音）が整っている。
②本歌の読み手に対するやさしさ、思いやりがある。

③きらりと光る表現がある。
④なるほど、と納得させるような表現がある。
⑤質の高いユーモアがある。
⑥ほかの作品にないその人らしさがある。

評価カードは学習係が集計して、支持の高かった作品を五つ発表した。

この時間君の不在を告げるベルどこで飲んでる誰と酔ってる　俵万智
今君の家に行こうと思ってるグラス二つと指輪を持って　グリーンランド

★キザだけどとてもよくできていてすごかった。——ミチコ
★ううん、君は何て大人だ。こんなことなら君は大人の世界への仲間入りだ。——テルオ
★とてもうっとりしそうな歌だ。——ヤスオ
★よく、そんなこと考えられますねえ。私なんて……。でも、かっこいいですよ。この短歌、いかにもって感じでいいですね。——ミナコ
★これはすごい！　グラス二つと指輪というのは、結婚してくれと言っている。とにかくすばらしい。——イチロウ

この時間君の不在を告げるベルどこで飲んでる誰と酔ってる　俵万智
君にだけナイショにしたい出来事を酒と一緒にグッと飲み込む　おやこどん

★ナイショにしたい出来事とはどんなことか。その時の酒の味とは、悲しいのかうれしいのか？――オサム

★大人の恋ってカンジで、ロマンチック。この男の人は四十代かあ!?――アキコ

立ったままはふはふ言って食べているおでんのゆげの向こうのあなた　俵万智
はずかしい君が見てるとなぜかなあお代わりしたい君のおでんを　エア・マックス

★「君のおでんを」がとても好きだ。――イッペイ

立ったままはふはふ言って食べているおでんのゆげの向こうのあなた　俵万智
湯気ごしにちらりと君の顔を見る君はいつでもほほえんでいる　ポテマヨ

★何かほんわかって感じや優しい感じが伝わりました。――チヨコ

また電話しろよと言って受話器置く君に今すぐ電話をしたい　俵万智

電話来て「結婚しよう」君が言うやっと来たかとうなずく私　一休さん

★いかにも現実にありそうでとてもよかったよ。――タダシ
★「結婚」とか、大胆な言葉でよかった。――オサム
★簡単な言葉だけど心に何かどんときた。――タケシ

そしてかれらについては、実名を明かしてもらった。本人が名乗りでるたびに、さまざまな反応が起きる。「やっぱりねぇ」「えっ、おまえだったの！」……。

教室のまえに出てきた五人は、私の本歌の朗読に続いてそれぞれ自分の作品を読んだ。恥ずかしそうにカードで顔を隠しながら、それでも精いっぱいの声で読んだ。読みおえるたびに拍手が起こった。恥ずかしいけれど、やっぱりうれしいのだ。

表現することがつながることである。虚構の表現形式をとりながら、否それゆえに、じつは青春期の入り口に立つ中学二年生が抱いているあこがれや本音が表現された。

青木幹勇先生の『第三の書く』（国土社）は、私の授業づくりの発想を根本から転回させてくれた。これは国語教育の偉大な先達に学んだ、私のささやかな実践である。

生徒が作った恋する返歌三十三首

1
また電話しろよと言って受話器置く君に今すぐ電話をしたい　俵万智
今切った電話の声に会いたくて見つめてしまう電話の向こう　梅雨
何度でもかけるよ君に何度でもなぜなら君の声聞けるから　台風8号
君の声受話器を置くと聞こえないこの一瞬がすごく切ない　LOVE

2
「また電話しろよ」「待ってろ」いつもいつも命令形で愛を言う君　俵万智
今はまだこれしか言えないだけれども必ず言うよ愛しているよ　ドライモン
恥ずかしくいまだに優しい声かけずそれでも近くで寄り添いたい　SO
こうでしか言えないオレをどう思うオレはこうしか言えない男　カタツムリ

3
この時間君の不在を告げるベルどこで飲んでる誰と酔ってる　俵万智
酒飲んで酔ってるオレのまぶたには君の笑顔が映っているよ　百日紅
酔うものか僕の頭は君だけだ僕が酔うのも君だけなんだ　チェリーといちご
酔ってると思っているなら悲しいな明日の君へのプレゼント探しなのに　悠華

4
君と食む三百円のあなごずしそのおいしさを恋とこそ知れ　俵万智
君と食む三百円のあなごずし二人の愛はもっと高いぜ　ポテマヨ
あなごずし食べてる隣に君がいるだからこんなにおいしいんだよ　百日紅
あなごずしそんなにうまいか三百円オレはお前を眺めていたい　おやこどん

5
潮風に君のにおいがふいに舞う　抱き寄せられて貝殻になる　俵万智
君を抱き心の中では抱かれてる貝殻の中で愛する二人　アトム
このままで守っていたい君のこと風が吹いても雨が降っても　ドライモン
腕の中小さな君を見ているとその儚さに悲しくなるよ　桔梗

6
「おまえオレに言いたいことがあるだろう」決めつけられてそんな気もする　俵万智
君のこと一番好きなのオレだからおまえのことはすぐわかるんだ　チェリーといちご
言いたいならなぜすぐオレに言えないかそんなお前がとてもかわいい　まつぼっくり
真っ白の眉間に三つの深いしわ心配事なら僕に話して　SO

7
「この味がいいね」と君が言ったから七月六日はサラダ記念日　俵万智
君の作るサラダはいつもおいしいよ今度は僕が作る番だよ　フック船長
これからはたくさん食べに来るからな君と記念日作りたいから　サラダ記念日

明日はね年に一度の逢瀬（七夕）だろ君といること幸福に思う　SO

8

金曜の六時に君と会うために始まっている月曜の朝　俵万智

愛の日々今日から始まる月曜日君のハートに明かりをともす　おやこどん

君と会う時間はこんなに短いが金曜日までの時間は長い　チェリーといちご

会いたいよたまらなく会いたいよこんなに君を愛してるのに……　アンパンマン

9

一時間たっても来ない　ハイソフトキャラメル買ってあと五分待つ　俵万智

急いでも時間通りに行けない許してほしいこのふがいなさ　ドライモン

すまないな君の元へと急ぐ僕着いたら君を抱きしめたいな　百日紅

君のことどこにいても思ってる心配しないで待っていてくれ　恋人A君

10

スパゲティの最後の一本食べようとしているあなた見ている私　俵万智

オレの顔じっと見ていて笑ってるオレの顔に何かついてる？　ペプシマン

スパゲティ食べてる僕を見つめてるそんな瞳が僕は好きだよ　百日紅

見るなよとぶっきらぼうに言ってみるホントはずっと見つめてほしい　SO

11

立ったままはふはふ言って食べているおでんのゆげの向こうのあなた　俵万智

湯気ごしにちらりと君の顔を見る君はいつでもほほえんでいる

ポテマヨ

はずかしい君が見てるとなぜかなあお代わりしたい君のおでんを

エア・マックス

オレと君の間の湯気さえじゃまに思うオレは湯気にも嫉妬するのか

まつぼっくり

（一九九九年）

定型詩を書く

✿詩「初恋」（島崎藤村）を書きかえる〔中学三年生〕

初恋　　島崎藤村《しまざきとうそん》

まだあげ初《そ》めし前髪の
林檎《りんご》のもとに見えしとき
前にさしたる花櫛《はなぐし》の
花ある君と思ひけり

やさしく白き手をのべて
林檎をわれにあたへしは
薄紅《うすくれない》の秋の実に

人こひ初《そ》めしはじめなり

わがこころなきためいきの
その髪の毛にかかるとき
たのしき恋の盃《さかずき》を
君が情《なさけ》に酌《く》みしかな

林檎畠の樹《こ》の下《した》に
おのづからなる細道は
誰《た》が踏みそめしかたみぞと
問ひたまふこそこひしけれ

（『日本の詩歌』1〈中央公論社〉から）

詩「初恋」を〝君〟の視点から書きかえる

この授業をデザインさせたものは、私のひっかかりである。この詩をはじめて授業で扱ったのは、まだ二十代であった。〝われ〟が恋慕の情を抱いた対象である〝君〟は、何を考え、どう〝われ〟を感じていたのか。この詩では、時間の経過とともに昂じる〝われ〟の思慕の情は読めても、それに呼応する〝君〟の心は直接には読めない。——こんなひっかかりをいつのまにか二十五年間も温めてしまった。

ここでは、詩「初恋」（島崎藤村）を、原詩と同じ七・五調の定型に則《のっと》って書きかえる活動をとおして〈ことばに立ち止まる力〉を身につけさせようとする。定型は表現の枠組みであり、表現を制約したり束縛したりするものではない。むしろ定型詩という表現形式は、生徒の願いやあこがれといった感情を盛る器となり、短歌と同様「文章では書くことが出来ないことを、テレもせず、心安らかに、表現しうる形式」（飯島正＝映画評論家）なのである。

この活動は、もとより自由な詩歌の創作ではない。翻案あるいは再創造とよばれるべきものである。詩のなかで〝われ〟から呼びかけられている〝君〟の視点から、〝君〟になりかわって原詩を再創造する活動である。

詩「初恋」では〝われ〟＝男性の視点で、〝われ〟の恋の推移が語られてゆく。〝われ〟に見えたかぎりの思慕やあこがれの対象である、〝君〟＝女性の内面が語られることはない。語られざる〝君〟のことばをよみがえらせよう。生徒が〝君〟になりかわって、〝君〟の恋を追体験するのである。このことによって、原詩「初恋」は、いっそう陰影に富み奥行きを増して読者のまえにたちあらわれるだろう。恋を語るとき、ことばはひときわ光彩を放つ。恋のことばは文学そのものである。

そして、定型詩を書くという高いレベルの課題へのチャレンジによって、生徒のことばの力を引っぱりあげることを企図する。原詩の一つひとつのことばや表現に立ち止まりながら、すなわち原詩との出会いなおしを遂行しながらの再創造は、藤村が謳《うた》いあげた詩精神の変奏である。そして原詩「初恋」と生徒が再創造した「初恋」を、四曲一双《よんきょくいっそう》の屏風として国語教室においたとき、〝われ〟と〝君〟との対話的作品が完成する。

同時にこの活動は、相手の身になって感じ考えることのできる想像力、すなわち〈他者感覚〉を育てるための練習でもある。〝われ〟の恋慕の情に応答する〝君〟の語りを想像し記述する行為をとおして、この感覚を育てたい。

授業のねらい

詩「初恋」を〝君〟の立場から定型詩に書きかえる活動をとおして、書かれざる〝君〟の心情をおしはかり、それが読み手に効果的に伝わるように表現を工夫して書く。また、作品を読みあい、詩の構成や表現の工夫などについて感想や意見を述べあって自分の考えを広げる。

■定型詩だから「自由」に書ける

たしかに、生徒にとっては一見むずかしく感じることだろう。ところが七・五調一連四行という表現の枠組みが、かえって生徒の表現意欲を促進した。第一連が書ければ大丈夫。やがてかれらは書くことに没頭していく。定型の軽やかで滑らかな調べに乗ってしまえば、鉛筆の先からことばがつぎつぎに生まれてくる。これは生徒自身にも意外だったようだ。みずから書くことによって七・五調のリズムや呼吸を体感し身体化できれば、自由詩よりもかえって「自由」に詩が書けることに気づく。これが定型の力である。事実、学級の三十六名すべてが書いたのである。生徒のなかにさまざまな格差や差異をはらんだ公立中学校にあって、このことはなによりも尊い。

■虚構だから正直に書ける

「いっそ〝われ〟の恋人になって思いきり『恋の詩』を作ってみよう！」——これが授業の最初に生徒に発したメッセージである。テキストの一行一語を、〝君〟はどう受けとったかを想像する。教師は「なぜそう書いたのか」「原詩のどこからそう思うのか」を一人ひとりの学習者に問う。かれらは自分が立ち止まったことばを指さす。これが詩「初恋」を、読者として追体験することではなかろうか。〝われ〟と〝君〟との関係が推移する時間を、その当事者になって共有する行為がこの活動である。

中学三年生は、恋愛が大好きだ。しかし、たとえ詩の形式であっても、このテーマで自己を開くには大きな抵抗がある。だからこの虚構のことばに託して、十五歳の願いやあこがれが綴られる。一見、虚構の世界に遊んでいながら、かえってそこにその子の正直な気持ちが表現されるという逆説的な現象が生じる。そして、生徒の数だけの相聞の調べがクラスや学年の子どもをつなぐのである。

「薄紅の秋の実」を教室に持ち込んで

授業の日、私は紙袋に入れたグループの数だけの林檎を携えて教室に入った。品種は紅玉《こうぎょく》。スーパーや果物店を回り、市内でいちばん大きなデパートでやっと見つけた。小ぶりでかりっとした歯ごたえ、そしてこの香り。甘くておいしい林檎に慣れたわれわれの舌には、酸っぱすぎるかもしれない。しかしこれが子どものころに食べていた林檎の味だった。この酸っぱさが「初恋」の味であり香りなのだ。

「きょうの課題です。――詩『初恋』を書きかえる」。生徒はきょとんとしている。「詩『初恋』を、〝君〟の立場から書きかえよう」。ますます、きょとんとしている。「鳩が豆鉄砲を食ったよう」とはこのときの生徒を表す形容である。

詩「初恋」を、〝君〟の立場から書きかえよう。
・〝君〟の目には〝われ〟はどのように映っているか、想像しよう。
・〝われ〟からの呼びかけに、あなたが〝君〟になって応答しよう。
・七・五調の定型で書いてみよう。

「『初恋』は、少年・男性の〝われ〟の視点で書かれている。あくまでも〝われ〟の目に映った〝君〟が描かれている。この詩において、世界の中心にいるのは〝われ〟なんだ。今度は〝君〟の視点にたち、少女を主人公にこの詩を書きかえてほしい。だから、いっそきみたちが〝われ〟の恋人になって思いきり『恋の詩』を作ってみよう！」

「教科書（S社）の学習課題は『〝われ〟の目には〝君〟はどのような姿に映っているか、想像しよう』だった。この問いを転回させた課題がこうだ。すなわち、『〝君〟の目には〝われ〟はどのような姿に映っているか、想像しよう』と。〝われ〟からの呼びかけに、あなたが〝君〟になって応答しよう。この女性にいかに変身できるか。ひょっとしたら、男子のなかには、女子以上に女性らしく変身する人がいるかもしれないよ」

「むずかしい。そんなことできないよ、先生」。課題を提示するなり、ひとりの男子生徒が声を上げた。

ここで、より具体的に生徒に問うた。

第一連は「あなた（少年）と出会った私」
少女の美しさに心を動かされた少年の、この呼びかけに対する返事を書く。
林檎の木の下に立っている少女は、少年の視線を感じて何を語ったのか。

第二連は「あなたに林檎を渡した私」
はじめて恋心を抱いた少年の呼びかけに対する返事を書く。
林檎を少年に渡しながら、少女は何を語ったのか。

第三連は「あなたの告白を受けた私」
恋の喜びに酔いしれ、少女に夢中になっている少年の呼びかけに対する返事を書く。
自分の髪の毛にかかる少年のため息を感じながら、少女は何を少年にささやいたのか。

第四連は「あなたとの恋をいたずらっぽく問いかけた私」
少女への愛しさを募らせる少年の呼びかけに対する返事を書く。
自分の問いかけに、いっそう深い恋心の吐露で応答する少年に、少女は何を語ったのか。

林檎を手に〝君〟になりきって書く

書くにあたっての指示は、つぎのことがらである。

「これから書く詩は、自分を離れて書きます。固有名詞『近藤真』を離れ、少女に変身して書くのです。だから、それにふさわしいペンネームを考えてください。作品は、各自のペンネームで発表します。だから照れずに思いきり書けます」

「いちばん書きやすい連、書いてみたい連から書いてごらん」

「書き方の極意をひとつだけ伝授しよう。それは『ちょっと気取って書け』（丸谷才一『文章読本』）だ」

「どんな詩がいい詩なのか？　キーワードは、『想像力』です。『思いやり』と言いかえてもいい。どこまで当事者の身になって感じ、考えることができるか。私はきみたちの作品を、『想像力』の一点で評価します」

「詩『初恋』の詩の種類は何だった？」

「文語定型詩。七・五調」

「だから、きょうあなたがたが書く詩は、七・五調の口語定型詩です。この形式で詩『初恋』を書きかえます」

「たしかに課題はそれほど容易ではない。徹底的に思考し、想像してほしい。そこで、ここに思考と想像を手助けし、創作を促進する『道具』を準備してきた」と紅玉を取りだした。

「林檎は、初恋の象徴だったね。林檎と少女が重なっている。〝林檎〟〝薄紅の秋の実〟〝君〟は、一体なのだ。この林檎は、〝君〟を具体的にイメージするためのよすが。林檎を〝君〟に重ね、リアルに〝君〟になりかわるための装置だ。あなたがた苦しむ表現者への応援団。考えあぐね、ことばに詰まったときの相談相手」

生徒は、ワークシートに向かって鉛筆を握った。なかには、シートをじっと見つめたままの生徒もいる。

「ことばに詰まったら、林檎に逃げなさい。問いかけなさい。林檎の声を聞きなさい」

「食べちゃいけないんですか？」

「グループにひとつだけだからね。食感や味わいはそれぞれに想像してほしい」

食べて味わうことはできないものの、色あいを視覚で、香りを嗅覚で、重さ・肌ざわり・温度を触覚でとらえることができる。耳を当てれば林檎の声を聞くことだってできる。筆が止まると生徒は、林檎に手を伸ばす。握って、嗅いで、眺めて、そして机に置いてふたたび筆をとる。置かれた林檎を、隣の子が握っている。

やがてトミコがいちばんに第一連を書きあげた。

「さっそく、書けた人が出たよ」。私がゆっくり読んでやる。

前髪上げて誇らしげ／私の頬は赤かった
それは遠くのかなたから／あなたが私を見てるから

生徒は筆を止めてじっと聞いている。聞きおわったとたんに、「だれ?」。それからシートに向かう生徒の筆が勢いづく。同じ表現者としてのライバル意識が生まれるのだろうか。

「第二連を書いた人が出たよ」

林檎にかけたこの思い／あなたはちゃんと気づいたか
よくわからないこの想い／甘くて酸っぱい恋の味

〝われ〟と〝君〟、詩の対話で恋を疑似体験する

三十分も経てば、生徒の多くは四連まで書きすすめることができた。こうしてできあがった作品は男女混合の四人グループで読みあう。

「トミコさん。出てきて」。自分の作品を持って黒板のまえに出た彼女に、私が向きあう。

「〝われ〟が私、〝君〟がトミコさんです」

「まず私が、原詩の第一連を読みます。それに続けてトミコさんが自分の作品を読みます。こうやって連ごとに〝われ〟と〝君〟が対話するのです。自分の連を読みおわったら、相手を見て、自分に応える相手のことばを促すのだよ。聞くほうは、相手を見ながら聞くんだよ」

まだあげ初めし前髪の／林檎のもとに見えしとき
前にさしたる花櫛の／花ある君と思ひけり

前髪上げて誇らしげ／私の頬は赤かった
それは遠くのかなたから／あなたが私を見てるから

やさしく白き手をのべて／林檎をわれにあたへしは
薄紅の秋の実に／人こひ初めしはじめなり

林檎を使って近づいて／あなたに林檎を渡したわ
林檎は私のキューピッド／あなたと私の恋の形

わがこころなきためいきの／その髪の毛にかかるとき
たのしき恋の盃を／君が情に酌みしかな

あなたの気持ち聞く私／ふと空を見て顔かくす
あなたの口から出る言葉／一つ一つに顔ゆがむ

林檎畠の樹の下に／おのづからなる細道は
誰が踏みそめしかたみぞと／問ひたまふこそこひしけれ

私の問い聞き赤くなる／その顔ずっと見る私
そんなあなたが大好きです／あなたに逢えてホントによかった

こうして読むと、原詩の文語と生徒作品の口語の響きが交差して、たがいのよさがくっきりと見えてくる。

グループで向きあって座ったふたりが読み、ほかのふたりが聞く。ひとりの読み手Aが原詩を読み、いっぽうの読み手Bが自作を読む。Aが原詩の第一連を朗読したあと、Bが続けて自作の第一連を朗読する。これを第四連まで続けてゆく。これを読み手を交代して四回くり返す。〝われ〟と〝君〟との四通りの応答を生徒は聞くことができる。

グループは、男女混合で構成しているから、照れているのはやはり男子のほう。それに対して女子は、つかのまの恋の疑似体験を楽しんでいるかのようだ。そこではさまざまな仕方の音読が生まれている。コウサクはおずおずと、ノリコはやさしく、ユキオは情熱をこめて、トモコは淡々と……。音読によっても、たがいの作品の差異に気づかせ、そのよさを味わうことができる。

このように、同じ原詩のことばに立ち止まりながら詩を書いても、そこに多様な作品が生まれる。読みの複数性の積極的承認とそこに生じた差異の吟味に、教室で文学を読み・書くことの楽しさがある。最後は、学級のみんなに聞いてほしい一編をそれぞれのグループから選んで、その作者に発表してもらった。

モノが触発した表現——生徒が書いた五つの「初恋」

　フランスの現象学者メルロ・ポンティに倣《なら》えば、詩「初恋」を読んでしまった者にとって、林檎はもはやいままでの「林檎」ではなく、詩的な奥行きをともなった「薄紅の秋の実」として見える、といえよう。創作の場所に置かれた一顆《か》の林檎は、生徒の想像力を無限に触発する。これも〈ことばに立ち止まる〉ための作法であり、じっくりと感じ考え想像してことばを紡ぎだすための補助装置となる。思考がよどみ筆の勢いが衰えたとき、林檎を掌《てのひら》に載せ、その色や形、その重さ、その肌ざわり、その匂いを身体にくぐらせる。やがてそれらはことばに姿を変えて鉛筆の先からほとばしる。

　林檎というごくありふれた日常のなかのモノも、ひとたび教室に持ち込まれ授業のなかに置かれるや、テキストと関係づけられ、劇的な光のなかでがぜん非日常の輝きをまとって生徒の学びを促進する道具に変身する。個人の思考を紡ぎ表現を促進する触媒として、また、協同の学びを成立させるための生徒どうしをつなぐ媒介物として。とくに国語のような座学、しかもテキスト依存型の教科の場合は、モノにそくして思考し想像し発想するという学習活動がきわめて限られている。とりわけ短歌や俳句の短詩型文学では、モノや出来事にそくして創作する態度が基本である。「寄《き》物《ぶつ》陳《ちん》思《し》」という万葉以来の表現様式の伝統を、情報リテラシーを育てる二十一世紀の国語教室において蘇生させたい。

生徒作品1

あげたばかりの前髪に
きれいな花櫛さしました
あなたの私を見るその目
林檎のようにきれいです
あなたのためにとったのよ
赤くて小さな恋の実を
あなたはそっと口にした
いったいどんな味がした？
あなたのついたため息が
私の髪にふれたとき
うれしはずかしとまどって
私もあなたが好きです
困るあなたのその顔が
とても愛しく思えます
はにかむ君のその笑顔
とても愛しく思えます

生徒作品2

あげたばかりの前髪を
誰かが見てる気がしたの
はっと気づくと君がいる
赤い顔した男の子

あなたに似てる林檎の実
だからあなたにあげたいな
あなたにあげるそのときに
触れあう指が恥ずかしい

いつもと違う君がいる
林檎のようにまっかっか
あなたが口を開いたら
二人の顔が赤くなる

君に聞きたいことがある
何で私を好きなのか
いつもの道を歩いても
あなたはいつも答えない

生徒作品3

誰かの視線気になって
林檎の下を見ていると
学生服の君がいて
心ときめくなぜだろう

林檎を見てた君を見て
愛がつまったこの林檎
そっと渡した私です
なぜか心がドッキドキ

これで逢うのは何回目
君がそわそわどうしたの
君の言葉で一変し
林檎みたいに真っ赤っか

君と出会ったあの日から
ずっといっしょに歩いてた
この道誰が作ったの
この一言に悩む君

生徒作品4

あげたばかりの前髪を
あなたに気に入ってほしくって
きれいな花櫛かざったの
もっと近くで見てほしい

心と同じ赤色の
林檎をあなたにプレゼント
あなたの心はどんな色
同じ色だとうれしいな

なんでため息ついてるの
私の気持ちは同じだよ
あなたのそばにずっといたい
今日が二人の記念日ね

甘いにおいのこの場所で
あなたに何度会ったかな
これから何度会うのかな
数えきれなくなるのかな

生徒作品5

ふと立ち止まった木の下で
視線感じて顔上げる
あなたと目が合うそのときに
私の頬は熱を持つ

林檎片手に近づいて
ためらいつつも差しだすと
あなたは少し驚いて
二人真っ赤な林檎かな

夢中なあなた幼くて
思わず見入る私への
言葉すべてがうれしくて
そっと答えるあなたへの想い

私の問いにあなたまた
うつむきながら頬染める
そんなあなたが愛しいと
私の心も騒ぎだす

「他者」の発見——情報リテラシーを支える力

「愛の喜びは愛することにある。そして人は、相手に抱かせる情熱によってよりも、自分の抱く情熱によって幸福になるのである」「恋人どうしがいっしょにいて少しも飽きないのは、ずっと自分のことばかり話しているからである」(『ラ・ロシュフコー箴言集』、二宮フサ訳、岩波書店)。フランスの思想家ラ・ロシュフコーのことばである。恋愛において、人は情熱的になればなるほど他者感覚を喪失していくという逆接的現象がしばしば生じる。そこでは当事者さえも気づかぬうちに、届ける相手を見失なった恋のことばは、他者の存在の空白を埋めあわせるかのように限りなくモノローグへと傾斜していくのである。このことを、詩「初恋」の読者は了解しておく必要があるのかもしれない。思えば、二十代の私のひっかかりもここにあったのだ。

生徒は、原詩の第二人称「君」を第一人称「私」に、さらに原詩の第一人称「われ」を第二人称「あなた」に転回させる言語作業をつうじて、ふたりの若い男女のときめきやアンビバレントな心の揺らぎを、その時間をも共有しながら理解しようと試み、原詩のことばたちにやわらかくレスポンスしながら、対話のことばを紡いでいった。この授業で発見した「君」という他者と、ささやかながらも身につけた他者の身になってわがこととして感じ考え、さらには悩み苦しむ精神態度が、ダイアローグのことばを準備し情報リテラシーの基底をかたちづくるものだと考える。

「ことば」は相手に届けるものである。そうであるならば、詩「初恋」のことばは、はたして「君」に届いたのだろうか。——今度は、この問いで生徒を挑発してみたい。

（二〇〇九年）

〔補記〕

本記録の初出は、『情報リテラシー――言葉に立ち止まる国語の授業』（二〇〇九年十一月・明治図書）である。このなかで、編者の髙木まさき氏は「情報リテラシー」についてつぎのように書かれている。

「『情報リテラシー（information literacy）』とは『情報活用能力』と言い表されることもあるように、コンピュータなどの情報機器の活用に限らず、文字や映像等を含む様々な情報を批判的に受容し、効果的・創造的に活用する能力ほどの意味合いで用いられる。本書では、その中核となる力を『言葉に立ち止まる力』であると考え」た。

また「ここでは問題提起の意味も込め、あえて『情報リテラシー』の一般的な意味合いからは対象となりにくい、詩歌や物語、古典の学習なども含めて考えた。それは、詩歌や物語、古典などが紛れもなく『情報』そのものであるということの他に、それらに『情報』という角度から光を当てることで、従来とはやや違った学習材としての価値やその扱い方が見えてくるのではないか」。（ともに「まえがき」より。）

本記録は、髙木氏の考え方をふまえ「従来とはやや違った学習材としての価値やその扱い方」を、詩「初恋」について試みたものである。

連句を作る、連句でつながる

✿十四文字に自分らしさをこめて ［中学三年生］

クラスは「座」、生徒は「連衆」

「連句」という遊びがある。五・七・五の長句と、七・七の短句を交互に連ねていきながら、その相互の句の風景や人情の組み合わせの相乗効果によって現れる小世界の変化をいろいろと楽しむ、ことばとイメージの遊びである。

近代になっていったんは全否定された連句であったが、最近になって連句の言語芸術、ことば遊びとしてのおもしろさが再認識され、また、座や連というグループのもつ連帯意識の快さや有効性が見なおされ、連句人口はじょじょに増えつつある。（ここの連句の解説については、水沢周『連句で遊ぼう』〈新曜社〉に依拠。）

これを教室にもち込もうというわけである。そのねらいは何か。

第一に「ことば遊びとしてのおもしろさ」の体験である。ひとつの発句《ほっく》を媒介にして、座に集う連衆《れんじゅ》（クラスの生徒たち）が、自由に連想の翼を広げてゆく。それは集団でおこなう物語の制作である。ブレーン・ストーミングの要素ももっている連句は、俳句の写生論からは導きだせない虚構、変身の詩歌の創作活動である。

第二に、理解と表現の一体化である。仲間の作品をそれぞれがそれぞれの仕方で読む。発句の作者にいかに寄りそって脇句《わきく》を付けるか。すなわち自分なりの読みの表れとしての作句なのである。

たとえば芭蕉の句の学習でも、連句の手法をとりいれてみた。芭蕉は、一個の作品として孤立した俳句ではなく、他者に読まれ、付けられるものとしての発句を作った。自分が芭蕉になりかわって、その句の世界をさらに発展させたいものをデータベース俳句集から選びだし、それに脇句を付ける学習である。たとえば、

この道や行く人なしに秋の暮
　我ただ一人我が道を行く

さまざまの事思ひ出す桜かな
　桜もいろんな春思い出す

やがて死ぬけしきは見えず蝉の声
　ただ声だけが無情に響く

よく見れば薺《なずな》花咲く垣根かな
君も孤独かひっそり咲いて

雲雀《ひばり》より空にやすらふ峠かな
我も仲間ぞ天空を舞う

枯れ枝に鳥のとまりけり秋の暮
真っ赤に染まる我が心かな

野ざらしを心に風のしむ身かな
涙流るる午後の旅立ち

落ちざまに水こぼしけり花椿
その一瞬が美のすべてかな

青木幹勇先生の『授業　俳句を読む、俳句を作る』（小社刊）にびっくりした。子どもたちが「ごんぎつね」から季語を見つけて虚構の俳句を作ってゆく。しかもその作品がみな生き生きとしてすばらしい。読みおえて、「俳句は写生である。見たままを十七音にすくいとる」という子規や虚子の呪縛から自由になって、すうっと肩の力が抜けていた私があった。しかも先生によれば、写生を提唱した子規は虚実の両面に作句の世界を広げることを勧めてもいるというのだ。すなわち「想像のない詩（句）は痩《や》せる」と。私にとっての俳句観の一大転換であった。この実践も、転換したこの俳句観に立脚する。

第三に、「連帯意識の快さや有効性」の確認である。連句の授業では作品の立派さを競うことではなく、表現を媒介にして人と人とがつながることをことのほか大切にしたい。生徒が膝と膝とをつきあわせながら、共同の作品を作る。その快さを感じさせたい。教師のような第三者によって、自分の意志にかかわりなく束ねられるのではなく、反対に仲よしグループの閉鎖的な関係に埋没するのでもない。自発性と意外性によってつながる軽やかでさわやかな関係をつくりたい。発見に満ちた知的興奮によってつながる契機を連句に求めたいのである。生徒がたがいの個の違いを意識しながら作る。むしろその差異性こそが作品創造の根源的な機動力であることに気づく。ここに「座」の文芸を教室にもち込むことの大きな意義がある。

いじめや不登校をはじめとする生徒どうしの関係づくりのつまずきは、程度の差こそあれ、かれらの多くが経験していることでもある。ともすればいじめのような他者排除と迫害の契機ともなる異質性を、むしろ相互発見と相互理解、さらには連帯の契機に組みかえる力を連句がもっているのではないのか。たがいに極度に気をつかいながら仲よしごっこを演じあう関係の息苦しさから解放され、他者の存在を認識し、他者との関係性によって自己を定位させる時間として、連句の授業がありはしまいか。すなわち、国語教室における公共圏形成の契機を連句に探りたい。

連句は、ことばを媒介にして他者どうしがより深く結びつくための技法である。詩人の大岡信《おおおかまこと》氏は言う。「……連句や連詩がその基本の条件として、『他者との関係』を詩的契機の最重要の要因

として持つという鮮烈な性質をもっている……」（大岡信『連詩の愉しみ』岩波書店、三ページ）

連句の用語に従えば、クラスは「座」、生徒は「連衆」である。では教師の役割は何であろうか。それは「捌《さば》き」たるべきであろう。「捌き」とは、「座の進行をつかさどり、出句されたものを選択しつつ連句形式の舵を取って行く役割で、権威的な宗匠《そうしょう》の存在は必要なくとも、『捌き』の存在は連句に絶対必要である」（水沢周、前掲書）という。教師が「宗匠」ではなく、「捌き」に徹したとき、生徒の生き生きとした表現と連帯の活動の支援者かつ媒介者として再生することができるのである。

秋と冬が同居する季節は吟行にピッタリ

十月も二十日を過ぎると、学校の裏山に、ところどころ黄色いものが光りはじめた。石蕗《つわぶき》の花である。もうこんな時期になったのかと、私はついそこまでやってきている冬の気配に気づかされたのだった。歳時記ではこの花は、初冬の花である。季節は着実に移りかわっていたのである。

文化祭、合唱コンクール、研究発表会と息つくひまもなく行事がうち続くこの時期、教師も生徒もたえず何かに追いたてられながら、あわただしい毎日を送っている。朝から放課後も遅くまで、昼休みもなく仕事に追われる日々が九月このかたずっと続いていた。とりわけ生徒会の役員と顧問の教師に疲労の色が濃い。

「忙しい」は「心を亡くす」、「慌ただしい」は「心が荒れる」と書く。切れ目のない多忙さのなかで、生徒も教師もストレスをため込み、知らず知らず失いつつあるのが自分と他者へのやさしいまなざしである。

こんなときこそ俳句を作ろう。全力で走りつづけている毎日、ひとつの目標に向かってがんばるのは大事なことだ。しかし、ときにはちょっと立ち止まって、草の匂いをかいだり、遠くの空を眺めたり、小鳥の声に耳を澄ませたり、どんぐりを拾ったり、森のなかを吹きわたってくる風に吹かれてみたい。そして、そこでとらえた何物かを、十七音の定型の枠組みのなかに移しかえるのだ。こんな時間をもつことが、この時期にはことのほか大切であるように思う。一見、無為に過ごしているようだけれども、これがじっくりものを見つめたり、考えたり、感じたりするための心のゆとりを与えてくれる。それが「いま」と深くふれあい、「いま」を味わい、すなわち「いま」を意味深く生きることにつながっていくのだと思う。

立冬が間近な時期は、秋と冬とが併存している。その姿を校庭にいくつも見ることができる。たとえば中庭の柿の木。紅葉した柿の葉は、「柿紅葉」という秋の季語である。これに対し、落葉したものは、「柿落葉」という冬の季語になる。梢に鮮やかな朱色の秋がしがみつき、地面にはくすんだ冬が日ごとに降り積もっているのである。

柿の木のそばには、山茶花がはや白い花を咲かせている。蘂《しべ》の黄色が、まっ白な花弁の清潔感をいっそうひきたてている。これは冬の花である。

校舎の間近に迫っている森から、このごろとみに小鳥のさえずりがかまびすしい。学校は標高四百四十五メートルのS岳の麓に位置する。ひとたび裏山の原生林に足を踏みいれると、そこにはすでに深山幽谷の気配が漂う。木立の奥から、仲間を呼びあう声、異性を求める声、自分のなわばりを誇示する声が届く。目にこそ見えねど、暗い森の奥で鳥たちのにぎやかな生の営みがくり広げられている。「小鳥来る」は秋の季語である。

よし、ひさしぶりに生徒を戸外に連れだそう。そして季節と深くふれあわせよう。さいわいここには、五感を研ぎすまして探すには十分なだけの「季節」がある。来週はしばし芭蕉になって、校庭を散策しながら移りゆく季節を身体にくぐらせるのだ。四月以来、二回目の「吟行《ぎんこう》」である。題して「去りゆく秋をうたう――近づく冬の跫音《あしおと》に耳を澄ませて」。あたかも教科書は『おくのほそ道』の冒頭「旅立ち」を終えたばかりである。

ところで、芭蕉はこの季節をどう詠んだか。

枯れ枝に烏のとまりけり秋の暮
こちら向け我もさびしき秋の暮
行く秋や手をひろげたる栗の毬《いが》
この道や行く人なしに秋の暮
秋深き隣は何をする人ぞ

これらの句に共通するトーンは寂寥《せきりょう》である。孤独感がひとしお身に沁みる晩秋、その深い寂しさ、わびしさがどの句からもにじみでている。

それから私は二、三日かけて学校の敷地をくまなく歩いて、「季語」を探した。生徒には吟行のまえに、あらかじめ芭蕉の五句を紹介しておいた。

校庭で季語を見つけだす

生徒を校舎の裏、桜並木の下に集めた。落ち葉を踏む音を立てて生徒が集まる。

「きょうは発句作りをしましょう。つぎの授業では、きょうきみたちが詠んだ句のなかからひとつを選び、それを発句にして連句を楽しみましょう。だから、自分の句に人がどんなふうによりそってくれるだろうか、そう考えながら詠みましょう。自己完結した句じゃない。完璧なんてつまらない。むしろ言いたりない部分を残した『未完成』の句を詠もう。それが他者へ開かれた発句というものです。きょうは十一月五日です。あさって七日はどんな日か知ってる?」

「……」

「立冬なんです。暦のうえで、冬が立つ日です。いまは秋が終わり、冬がやってくるその境目にあたります。だからこの時期は、秋の季語と冬の季語とが同時にあるのです。上を見てごらん。何がある?」

「葉っぱ」「空」

「この紅葉した桜の葉は『桜紅葉』と言います。紅葉は秋の季語です。よく晴れた澄んだ空だね。これは『秋の空』とか『秋高し』『天高し』などという季語そのものです。では、下を見てごらん。何がある?」

「落ち葉」

「これは冬の季語になります。中庭の鯉の池のそばには柿の木があるよね。まだ何枚か、枝にまっ赤な大きな葉がついています。これは『柿紅葉』で秋。これが落ちて『柿落葉』という冬の季語になります」

季語一覧を渡して、

「いま、N中学校で出会える季語を、校庭を歩きまわってこれだけ探しました。たとえば、山茶花があります。中庭にあります。いま、白い花が咲きはじめています。これは冬の花。ところで、石蕗の花って知ってる?」

「……?」

「これ、ふつう校庭には咲いてないよ。しかしここがN中のよさですね。プールのそば、新校舎の裏山に行ってごらん。藪《やぶ》のなかにたくさん咲いているよ。黄色のきれいな花です。では、この時間の課題です。俳句、正確に言えばつぎの時間に予定している連句の発句を五句以上作りなさい。私が見つけたこれだけの季語を、きみたちも見つけだしてほしい。そこで石蕗の花を、全員が句に詠むべき必修の季語とします。ほかは自由に選択してけっこう。では解散します。終業のチャイムが鳴ったら、またここに集まりなさい」

生徒たちはみな、石段を登って新校舎のほうへ足を運ぶ。その裏はすぐに藪になって、森が迫っている。そこに石蕗の花が咲いているのだ。

「これが石蕗の花かい」「知らなかった」。めずらしそうにのぞき込む。やはり見えていなかったのだ。視界に入っているものすなわち見えているものではない。やはり見ようとしなければ見えないのだ。聞こうとしなければ聞こえない。感じようとしなければ感じないのだ。大切なものは、みずからが欲して探し求めないと手に入れることはできないのだ。そのために季語は、この世界をより細やかに見、より深くふれあい味わうための触媒となる。

「さわってごらんよ」

「花粉が飛ぶぞ」

「ああ、これ知ってる」

マサヨがうれしそうな声をあげる。自分のおばあさんが、春にこの茎を山からどっさりとってくる。その皮を家族中でむくのだという。この佃煮は、独特の香りとさわやかな苦みで、食べる者を魅了する。こんなにきれいな花が咲くなんて、彼女はきょうまで知らなかったのである。晩秋の薄暗い森のなかで、鮮烈な黄色が人の目を射る。

つわぶきよ素敵な黄色の髪かざり
石蕗の花天女に見ゆる木漏れ日の下
石蕗の花丸い葉の中うずくまる
石蕗の花秋の小さなひまわりだ
石蕗の花寄り添い咲きて何話す

石蕗の花のまわりには椎の木が実をたくさん落としている。それに混じってまての実やどんぐりもある。

「まてや椎の実は、煎《い》ったり湯がいたりして食べられるんだよ」

まもなく、

「先生。できたよ」の声。ヤスヨが、いま作ったばかりの句をうれしそうに見せた。

　　ころころのぐりぐりどんぐりひろったよ
　　どんぐりを拾って投げてまた拾う

ところどころが破れた主のいない蜘蛛《くも》の巣が、プールのフェンスにかかっている。プールの水は青く濁って、これを「秋の水」とよぶにはいささか躊躇《ちゅうちょ》する。

「先生。蜘蛛の巣は季語ですか?」

ケイジが聞く。私はあわてて歳時記を繰る。

「蜘蛛は夏の季語。蜘蛛の巣も夏の季語だね。気にしなくていいよ。蜘蛛の巣で作ってみたら」

　　蜘蛛の巣の穴のむこうに秋の空

柿の木のまえに、さっきからひとりでずっとたたずんでいるカズナリ。見ると、まっ赤な柿の葉がたった三枚、針金のような枝の先にしがみついている。

あと二枚柿の葉散れば我は去る

森のなかからは鳥の声がかまびすしい。しかし配剤の妙と言うべきか、それが音楽室から流れでる歌声と響きあって、いい雰囲気を醸しだしている。合唱コンクールも間近なのである。裏山に向いた校舎の壁に一時間中もたれていたマイコの句。

ピチチチ小鳥も合唱コンクール

森のなかにわけ入ったグループもある。私もあとを追ってみた。タカオがひとり、倒木に腰かけて作句の最中だった。
「やっぱりここが落ち着くし、集中できますよ」。いっぱしの俳人気どりで筆を走らせる。

秋の山青竹の中俳句詠む

時雨を詠む

石蕗の花が咲くころは時雨が多い。はたして吟行の翌朝、一時間目の授業が終わってまもなく、時雨が降りはじめた。鼠《ねずみ》色の世界のなか、石蕗はいよいよその鮮烈な黄色の花をきわだたせ、われここにありと、やっぱり小さな声で、その存在を主張している。千載一遇とはこのときのためにあることばだ。

「この雨こそまさにいまの季節そのものです。なんと言うか知ってる？　トキアメ〝時雨〟と書いてシグレと読みます。きょうは時雨を詠みましょう」

傘をさして校庭に出る。

たとえば、「時雨の定めなさに人生的嘆きを託し、時雨の伝統に無情の色を深めた」（尾形仂『大歳時記』2、集英社）という中世の連歌師宗祇《そうぎ》は、こう詠んだ。

世にふるもさらに時雨の宿りかな

「時雨を風狂世界の象徴に転化した」（同前）芭蕉はこう詠んだ。

旅人とわが名よばれん初しぐれ

そして二十世紀末の十五歳の少年少女たちはこう詠んだ。

時雨降る小鳥の声が透きとおる
秋の空時雨とともに流れ去る

時雨降る傘を差し出す君に惚れ

やがて授業終わりのチャイムが鳴った。ひとり平均五、六句。多い生徒は十数句を作句用紙の裏にまで書きつけている。

作品を集めたら、さて、これからは国語科企画委員会（別称、国語の授業をおもしろくしよう会。男女それぞれ三名、計六名の生徒で構成。授業の諸準備に携わったり、生徒の希望やアイデアを授業に反映させるために組織した）の出番である。作品をコンピュータのデータベースに入力する。この日の昼休みのパソコン室で、かれら六人がかかれば、ものの三十分も経たないうちに入力を終えた。

それから、それぞれが入力したカードをひとつのファイルにまとめる。これを文書ファイルに書きだし、ワープロの世界で処理すれば、発句一覧表のできあがりだ。

これを生徒に渡す。さて、このなかからクラス連句会の発句を選びだそうというのである。作者になりきって、あるいは作者にぴったりとよりそって、作者が五・七・五で言いのこしたことを慮《おもんぱか》って作るのが脇句である。「あなたがよりそってみたい句はどれかな」。生徒にこう投げかけて選ばれた候補が、つぎの四句である。

時雨降る傘を差し出す君に惚れ

ころころのぐりぐりどんぐりひろったよ

落ち葉散るわたしの恋も散りました
山奥で小鳥が秋を語ってる

「コンピュータ連句会」スタート！

翌日、模造紙に墨黒々と書いた四句を携えて、私は生徒の待つパソコン室に向かった。

「発句にしたい希望が多かった上位四句を発表します」

一句ずつ貼りだしてゆく。すでに句会は始まっている。三十五人の視線がさっと私の指先に集まる。もしかしたら自分の句が選ばれているかもしれない。そんな期待感がかれらの表情に表れている。連句会をするときはいつも、生徒はのっけからすごい集中度を示すのだ。ぴんと張りつめた空気が教室を支配する。

数回の挙手を経て、最終的に過半数の支持を得たのが、「時雨降る傘を差し出す君に惚れ」。マイコの作。彼女の俳号はＲＭＴ（どんな意味なのか、いまも私はわからない）。これが彼女の作であることは、企画委員以外は知らない。

この句はもちろん虚構である。無常の色濃い、風狂の象徴である「時雨」に、二十世紀末に生きる十五歳の少女は、異性との素敵な出会いへのあこがれを託した。そしてこれは彼女ばかりでなく、同じ世代の少年少女共通の願望でもある。だから多くの支持と共感を集めたのだ。おそらく彼女も同級生からさまざまに付けられることを願って作ったであろう。（俳諧の伝統と切れたところで詠まれ、「時雨」が少女の願望が託された虚構の世界の素材となっているこの句を見て、宗祇や芭蕉はどんな顔をするだろうか。しかも恋句を得意としたという芭蕉ならどんな脇句を付けるだろうか。）

どんな句を発句に据えるか。このことがこのあとに続く句会の展開に決定的な影響を与えるだけに、発句の吟味は十分にしなくてはならない。この点で「時雨降る」の句は、いまからの展開がおおいに期待される。生徒は意欲満々、すでに一座の連衆としてのライバル意識が芽生えているのではないか。

さて、クラス連句の始まりだ。まず、コンピュータを立ち上げ、連句データベースを呼びだす。そのカード画面に発句を入力する。それから作った脇句を入力する。手順はこれだけである。

「冷たい雨がさあっと降りだした。思いがけない雨に濡れて立ちつくすひとりの少女。そこにひとりの少年が彼女に傘を差し出した。ふと生まれた恋心（インスタント・ラヴ）。さてそれから……？脇句を付けるコツはただひとつ。あなたがた自身がＲＭＴさんになりきることです。作者になって、作者が言いたりなかった思いをつぎの七・七でふくらませてあげるのです。どれだけＲＭＴさんによりそい、彼女の思いを自分の思いとして受けとり、それを十四音のことばに乗せるかです。きみの共感能力・想像力の見せどころです。それこそ〝思いやり〟というものではないでしょうか。もちろんこの脇句、ＲＭＴさん自身も作ります。ひょっとしたら本人以上にＲＭＴさんになりきる人が出るかもしれませんね」

制限時間は十分。この時間で最低一句は作る。できるなら何句でも付けてよい。連句の座で芭蕉は、この制作時間を守ることにことのほかきびしかったそうだ。短時間にいかに集中し、ウィットに富むことばを紡ぎだすか。十分間のなかで、どれだけイマジネーションの飛翔をとげるか。真剣勝負の遊びである。

生徒はあらかじめ配られたメモ用紙にへばりついて、指を折りながらことばを吐きだしている。なかには直接キーボードで打ち込んでいる者もいる。生徒のあいだを巡りながら私は、五島列島小《お》値賀島《ぢかじま》の養蚕農家で見た、蚕が口から糸を吐いて自分の身体を包んでいる光景を思い出した。

できた句は、連句データベースのカードに打ち込む。二句目ができれば、つぎのカードをめくって打ち込む。いくつもの句ができて、一座にはどの句を紹介しようか迷っている生徒には、私がアドバイスを与える。これ「捌き」の仕事である。

LANをとおって、連衆のライバル意識が切り結ぶ

まっさきに作ったのはケンスケ。

「先生、どうだい」

彼は得意げにメモ用紙を見せる。

「時雨みたいにやんでいく恋」

いいじゃないか。はかなく消えた一時の恋を時雨にたとえた手際のよさ。じつは、彼は決選投票で勝ちを「時雨降る」に譲った「落ち葉散るわたしの恋も散りました」の作者なのである。これらの句の背景には、ひょっとしたら遠くない過去の彼の実体験があるのかもしれない。

「よし。ケンスケ、これをいまからコンピュータに打ち込んでくれ」

「みんなちょっとキーボードから指を離して。ケンスケくんが最初にできたので、紹介します」

と言って彼のディスプレイを全員のコンピュータに送った。この時点では、カードの脇句の項には文字はまだ入力されていない。

「ケンスケくん、入力を始めてくれ」

全員が目をまん丸にして画面に見入っている。まばたきの回数が減っている。口を半分開けた者、唇を一文字に結んでいる者、それぞれに真剣な表情がある。このとき私は、このクラスがひとつの座として形成されていることを感じた。ゆっくり点滅するカーソル（このコンピュータ、メモリー一メガ、ハードディスクはない、十六ビットの骨董品である）に集まる視線は、同じ座の仲間というよりは、才気を競いあうライバルのそれだ。

ふだんは冗談ばかり飛ばす陽気なケンスケも、コンピュータをつうじて自分の指先が、クラス全員から見つめられていることを意識して、めずらしく緊張している。固くなった指が入力ミスをくり返す。そのたびに「あれっ。あれっ」とつぶやいては、ＢＳキーで何回も文字を消して、ようやく「時雨みたいに」までを入力した。

「はい、ここで入力をストップして。時雨みたいに……、比喩ですね。さて、おしまいの七、どう出るでしょう。きみならどう付ける？」

しばらく沈黙が続く。

「何が、時雨みたいに、なんでしょう」

沈黙はやはり続く。本人はこのあとに何と続けるのか、一座の興味はいやがうえにも高まる。

「じゃあ、一字ずつゆっくり打ってね」

「や・ん・で・い・く」。ケンスケはこのままエンターキーを押した。

「はい、ここでストップ……。何だろうね。時雨みたいにやんでいくものって」

もうみんなは画面を見つめたなり無言である。だれも私の問いかけが聞こえないらしい。もっとも大切な情報、みんながいちばん知りたがる最後の二音節のことばが残された。「よし。打ってくれ」。

　ケンスケは打つ。

「こ・い」、そしてスペースキーを叩く。いきなり「恋」が出た。そこでエンター。

「時雨みたいにやんでいく恋」

とたんに、「おおっ」と低いどよめきが起こった。

「ううん」「なるほど」

納得の溜息がもれる。ぎりぎりまで高まった一座の緊張がすうっとゆるむ。隣どうしで語らいが始まる。やがて教室中がにぎやかになる。

「さて、みんなで読もうか」

発句「時雨降る傘を差し出す君に惚れ」

脇句「時雨みたいにやんでいく恋」

　声に出すと、付け合いのおもしろさがいっそうよくわかる。ふとしたきっかけでかすかな恋心が生まれ、やがてあとかたもなく消えてしまうはかなさが、時雨に託してうまく表現された。

ケンスケの第一作が座に与えた影響は大きかった。自分はこれを超えるオリジナリティをもった脇句を付けてやろう、みんなをあっと言わせてやろうと、目をぎらぎらさせてディスプレイを見つめている。この延長線上に、まさしく命がけのことば遊びとしての俳諧連歌が待っているのだろう。連衆としての競争意識を抱いた生徒たちは、指を折りながらカードに脇句の七・七を打ち込んでゆく。文字を打っては消し、消しては打ち。ケンスケの句に負けない「私」の作品を連衆にアピールしようと躍起なのだ。

つぎにできたのはエミコ。これもＬＡＮを使ってみんなに紹介する。

「そ・ら・に・は……空には」

「うん、うん」

「に・じ・の……虹の」

「それで……」

「こ・い・の……恋の」

「おおっ。どう出る」

大げさに驚いてみる。

「か・け・は・し……架け橋」

ふたたびどよめいた。

「うわあ、きれい」

「エミコさんは、明るく決めたね」

「今度の恋はうまくいったね」

「ほら、目を空に転じているでしょう。発句を受けて、その世界を広げていますね」

ケンスケを意識してのことだろうか、彼女は彼の発想をひっくり返して見せた。当のケンスケはというと、真剣な顔で口を結んだきり、転送されてきた彼女の画面をじっと見つめている。ふたつの精神が、丁々発止と切り結んでいる。

座のつながりのなかで「私」を表現する

ことばが誕生する瞬間に、その教室にいる生徒が全員で立ち会う。それも傍観者ではなく、ましてオブザーバーでもなく、同じ一座に集う表現者として立ち会う。コンピュータは、座を形成し、連衆をつなぎコミュニケーションを促進するための道具として、さりげなく、しかし強力な働きをする。

そうこうしているうちに、ぞくぞくと脇句ができてきた。制限時間が来ると、一人ひとりの画面をLANで全員に送る。大きな声で私が読んでやる。それぞれについて連衆が感想を添える。

これらの作品は、企画委員会がひとつのファイルにまとめ、それを文書ファイルに書きだして作品集にする。そのなかからいくつか紹介する。

時雨降る傘を差し出す君に惚れ
　自分の傘をこっそり隠す
傘を持たずに君の手を持つ
家までの時間ホットに過ごす
愛のメロディー奏で始める
午後の虹だけわかっています
このまま時よ止まっておくれ
僕はぬれても君はぬれるな
時間よ止まれ一緒にいたい
君も私に見とれたのかな
心の春がやって来たよ
君と並んだあの帰り道
視線ぶつかる一時の恋
顔を赤くし君の手にぎる
冬のコンビニみたいな色だね
オレは明日からみんなと違う
秋桜《コスモス》たちの詩《うた》がはじまる

続けてお絵かきソフトを使った。発句と脇句とが響きあって現出した世界を、お絵かきソフトで描いてみようというのだ。自作にこだわらず、自分が描いてみたい脇句を、一覧表から自由に選ぶことにした。二十分で。（この授業の希望は、企画委員会で出された。生徒は、コンピュータを使ったお絵かきが大好きなのである。）

できあがった作品はＬＡＮを使って紹介しあう。これも作品が生まれつつある過程、マウスをドラッグさせて、カーソルが線条を引いている最中のようすを、ＬＡＮでちょっと全員に流すだけでも生徒たちの創作意識はぐっと違ってくる。すなわち、自分は座を形成する連衆のひとりとして、共同でおこなう作品づくりに参加しているのだという意識を育てるのである。座の一員であるという意識を忘れず、自分がいまやっていることの「社会的」な意味を確認することでもある。

どうだろう。こうやるとＬＡＮは、教師からの一方向的な知識の注入の道具、効率的な教え込みのための道具から、生徒どうしの出会いなおしと社会的参加の道具に生まれかわるのではないだろうか。

たまたま降った時雨、これをきっかけに、「知的興奮」でクラスがつながれたことの意義は大きい。それぞれが勝手にさえずるのではなく、共通の発句を発想の糸にして、一座の連衆を意識しながら「私」を表現する。ちょうど裏山の森の中で鳴きかわしあう鳥たちのように。だからそこで少し深くつながれる。これでいじめもなくなるなんて、そこまで大風呂敷を広げる気は毛頭ないが、少なくともたがいの差異性・異質性の認識が生まれる。違っているからこそ、おもしろいのだ。それゆえのたがいの出会いなおしが生まれる。そして他者との関係において「私」を認識し、定位する。発見がいっぱい詰まった作品の共同制作ができる。
こんな同時的共有体験をとおした「座」の形成の道具として、コンピュータは、さりげなくかれらの活動によりそい手助けをする。生徒にとっては、座の心地よい緊張感のなかで表現したりつながったりすること自体が、コンピュータよりもなによりも、ほんとうにおもしろくてしようがないことなのだ。この活動に夢中になれば、コンピュータなんてどうでもよくなってくる。そこがいいのだ。

この授業のあと、私は二台目の最新型コンピュータを買った。パソコン通信の大手ネットにつないだら、そこに連句や連詩のフォーラムがあることを知った。電脳空間のなかに「座」が形成されているのである。俳諧連歌という、近代になっていったんは廃れた伝統文芸が、いまや時代の先端機器と手を結んで、新たな展開を見せている。コンピュータ・ネットワークは、俳諧連歌の再評価と隆盛にひと役買っているのである。

（一九九七年）

表八句を作る

✿連衆として、芭蕉と旅する［中学三年生］

高校入試直前、つながる関係の大切さ

「先生、今度の授業に入らせてもらっていいですか?」

「ええ。いつでもいいですよ」

A中学校で四年間をともにつとめた国語教師のSさんは、校長が授業に入り、ときには授業をすることをおおらかに受けいれてくれた。Sさんの授業にいつも流れているのは安心感のある穏やかな時間だった。そんなSさんがいて、表八句《おもてはちく》作りが実現した。授業の着想を得て九年目の早春であった。

Sさんの『おくのほそ道』の授業を受けて、この授業があった。二月十日、金曜日。公立高校の入試を二十六日後に控えていた。この授業にはSさんも創作者として参加し、生徒と組んで連句を

巻いた。

生徒は脇句をつける経験もなく、いきなり表八句が作れるのか。冒険だった。ことばに敏感に反応しながら想像力を飛翔させ、仲間と心を通いあわせるスリリングでしかも温かい時間をつくってみたい。むしろ、高校受験が個人の勉強に回収されていけばいくほど、生徒どうしが共同制作でつながる学びあう関係が、授業のなかで組織される必要性が増すだろう。すなわち生徒を「睦み合う連衆」(尾形仂)として関係づけるのである。

「表八句」って、なんなんだ?

私も中学時代に『おくのほそ道』を学んだ。この紀行文の古典たるゆえんの解説、訓詁注釈、それから音読、冒頭部分の暗唱で仕上げだった。古典学習の定型である。そのときから、冒頭「表八句」のことばが引っかかっていた。教科書の解説も、中学生にはなんのことやらさっぱりわからない。先生の説明もわからない。

その後、文庫本の『おくのほそ道』を買って、「蛤《はまぐり》のふたみに別れ行く秋ぞ」まで読みおえたとき、これだけはぼんやりわかった。芭蕉は「草の戸も住み替る代ぞ雛《ひな》の家」を作り、同時にこれに連なる句を作った。それを紙に書きつけ、自宅をひき払う際、その家の柱にかけた。主のいない部屋の柱にかけられた一枚の紙。そこに書かれた連句表八句は、つぎにこの家に入る人への、芭蕉からのあいさつであった。

そこで新たにつぎのような疑問が湧いてきた。芭蕉が出たあとにこの家に入った人は、幼い女の子がいる家族であったという。だからまだ若い夫婦だろう。かれらは、柱にかけてある表八句を読んだのだろうか。読んだならば、どのように思ったのだろうか。そもそも、表八句はいまに残っているのだろうか。文庫は私の疑問に答えてはくれなかった。その後、いくつかの注釈書を読んだが、疑問は解けないまま残された。ただ、表八句はいまに伝わっていないことだけはわかった。

庵の柱にかけおかれた表八句は、その後どうなったのか。まさか、若い夫婦はゴミ同然に扱ったわけではあるまい。——そんなことを考えると、表八句を完全なかたちで知りたいという欲求がますます高まってきたのだった。三十五年前のそのときの記憶が、この授業をデザインした根底にある。それが、生徒に投げかけた課題「失われた表八句を自分たちが作ろう。芭蕉になりきって」につながっていった。

発句「入試前」で表八句を作る——競いあいと協同と

いきなり芭蕉の発句はハードルが高すぎる。「付く」と「転じる」呼吸を会得するための練習として、つぎの発句を準備した。

「入試前君と目が合う授業中」——拙作である。

「ここでの『君』をどう読むか。同性でも、異性でもよいでしょう。これはあなたがたにゆだねます」

それから連句の手引の説明（一一五ページ参照）のあと、連句作りを始めた。

座はふたりで構成する。対面して句を付け合う。自分が脇句、そして第四、第六、第八と付ければ、相手は第三、第五、第七と付ける。同時に相手が脇句、そして第四、第六、第八と付ければ、自分は第三、第五、第七と付けるのである。ひとつの座で、ふたつの表八句ができるのである。だからあと四十分たらずで、ひとりが都合七句をつけることになる。けっこうきびしい作業である。

ところが、教室のここかしこで笑いが起こる。私の心配をよそに、生徒はいかにも楽しそうに、スムーズに付け合っているのである。一句につき五分の制限時間を待たずに、句がつぎからつぎへ鎖のように連なっていく座がある。句づくりのスタートに、日常ありそうな経験、しかも関心度の高いトピックをおいたのが功を奏したようだ。

表現が立ち上がるときは、起動力がいる。そこはじっくりていねいにやる。ところが、ひとたび表現が生まれると、生徒の創作の筆はぐんぐん加速する。相手から連句用紙を回されるや、一分たらずで付けて相手に返す生徒がいる。そんな生徒が創造の種の火つけ役になって、座はおのずから回ってゆく。作り手自身がまったく読めない物語の展開に、当事者たちが夢中になっている。

共同制作の仲間どうしでありながら、表現を競いあう者どうしでもある。分裂の危うさをはらんだアンビバレントな関係が、微妙な愉悦と緊張を生む。かならずしも仲よしどうしではない、同性や異性の座がある。異性どうしが座を構成すると、複雑微妙な空気を共有しながら、慎重にことばと表現を選んでいるようすがありありとわかる。それに対して同性どうしは、付け合いのおもしろさを身体中で感じているようである。連句用紙を交換するたびに、自由闊達な会話が生まれる。連句の教室は、やわらかさと緊張感、協同と競争、パートナーとライバル、おしゃべりと沈黙、書く

連句で遊ぼう――制作の手引

1　発句　五・七・五

発句は、現在の俳句と考えてください。「とき」と「ところ」を盛り込んで作ります。ときは「季語」、ところは「その場所に関連するものやことがら」などです。

2　脇句　七・七　付く

発句と同じ季節・同じ時刻・同じ場所を補う七・七を作ります。発句と脇句でひとつの短歌の世界を作ります。発句によりそうのです。作者の気持ちを思いやって、作者が言いたりなかったことを作者になりかわって詠みます。

3　第三　五・七・五　転じる

変転の始まり。思いきった連想、飛躍の五・七・五を作ります。目線を転じ、話題や視点を変え、詠む世界をがらっと変えます。

転じるときにこんなことを問いかけてみよう

・つぎに何が起こった
・それからどこに行った
・目を外に向ける（窓から外を見たら何が見えた・ふりむいたら何があった）
・過去を思い出す（あのときは・幼いころは）
・未来を想像する（あしたは・大人になったら・いつかは）
・ほかの場所へ移る
・ほかの感覚への転換
・接続詞で考える（しかし・そして・また・ところで・さて）
・副詞で考える（ふと・突然・しだいに・やがて）

4　連句を作るときの心のあり方

◉勢いで付ける

制限時間五分を厳守。連句は勢いと流れです。車窓の風景がどんどん変わるように、世界がつぎつぎに変化するおもしろさを追求します。だから、同じ話題が続かないように知恵を絞ってください。いかに新たな世界に飛躍するかが勝負です。スピード感を大切に。いい句を作ろうと気負わない。

◉意外な展開を楽しむ

どこへどう転んでいくかわからないスリリングな楽しさをたがいに味わう。同じ発句でも、座によってまったく違った展開になります。そこが楽しい。

◉ほどよい自己主張

まえの人をしっかり受けて、そこにほどよい自己主張を盛り込む。

◉ちょっと気どって書く

表現は少し気どって、ちょっとおしゃれに。

◉こんなことばを使ってはダメ

下品・人権侵害・暴力など人を不快にさせる内容。なによりともに作る仲間への心づかいがベースです。品のいいユーモアは大歓迎です。

◉最後はめでたく終わる

ジグザグの道を歩んでも、最後はハッピーエンドに。

◉他者をつなぐ

一人ひとりが接着剤。連句は仲間づくりのエクササイズ。楽しくやりましょう。

ことと読むこととがせめぎあいながら同居する不思議な空間である。第四句を過ぎたころから、当初の硬さがうそのようにほぐれ、ひとつの作品の共同制作者どうしの対話が生まれていた。

入試前君と目が合う授業中　　まこと
　君がほほえみ思わず声が　　パウ
月の夜君の笑顔が心に残る　　メケメケ
　いつの間にやらシャーペン落ちてた　　パウ
ふと香るカレーの匂いに誘われて　　メケメケ
　おなか鳴り出す午後七時半　　パウ
変わらない家族のぬくもり永遠に　　メケメケ
　一緒に歩む三人四脚　　パウ

◉

入試前君と目が合う授業中　　まこと
　あせる気持ちがかき消されてゆく　　メケメケ
鳥たちがさえずり飛び交う窓の外　　パウ
　懐かしき過去ふと思い出す　　メケメケ
縁日で金魚すくいをやったっけ　　パウ
　あの日の父母の笑顔忘れず　　メケメケ

突然の睡魔に襲われ夢を見た　パウ
　満天の星描きながら　メケメケ

◉

入試前君と目が合う授業中　まこと
　次に目が合う向こうの野郎　葵
花びらのようにひらひら雪が舞う　櫻
　雨に変わらぬようにと願う　葵
寒いけど友と遊ぶ昼休み　櫻
　いつもこの時大切にしたい　葵
あと少しバレンタインがやって来る　櫻
　大きいバッグもちろん準備　葵

◉

入試前君と目が合う授業中　まこと
　勉強よりも君を見たい　櫻
風の中柔らかに舞うみぞれ雪　葵
　雪に埋もれた一輪の花　櫻
この学舎大好きだったと今気づく　葵
　別れのときが来ないでほしい　櫻

この別れ新たな出会いに変わるかな　葵
明日へのとびら開いて行こう　櫻

パウとメケメケはともに女子。櫻は女子、葵は男子である。ひとつの発句をスタートに、わずか三十五分間でふたつの表八句を制作した。櫻と葵は、仲は悪くもよくもない。たまたま同じクラスにいるだけの関係といえる。脇の付け方が対照的である。葵は、目が合った相手は同性である男子で、すぐに視線をそらした。櫻の場合は、目が合った相手は異性である男子。視線はそのまま相手に注がれている。櫻のほうがずっとロマンチックである。見ればわかるように、ふたりで組んだ場合、前々句（打越《うちこし》）の五・七・五を作る者はつねに同じである。彼が物語の展開の主導権を握るのである。ふたりの作品を読むと、脇を務めた櫻と葵は、それぞれ上手に伴奏を付けていることに気づく。

発句「草の戸も」で表八句を作る――むずかしいお題にともに挑む

この表八句作りでは、生徒の何を見ようとするのか。生徒の詠みぶりの巧みさだろうか。否、読解のさまざまなありようである。発句「草の戸も住み替る代ぞ雛の家」に収斂《しゅうれん》されるところの、冒頭「旅立ち」の文章をいかに読み、それを座に集う他者とともに読みひらいたかを見るのである。このことは、「旅立ち」に続けて教科書に収録されている「平泉」「立石寺《りっしゃくじ》」の文章をどう読んだかにも連なっていく。すなわち『おくのほそ道』の学習で学んだことすべてが、この連句づくりに注がれると言っても過言ではない。そこでは、いかに芭蕉になりきって、彼の感情をわがものとしようとしたかが問われる。

当時の旅は現代とはまったく違う。物見遊山、すなわち気晴らしやレジャーとしての「旅行」ではない。芭蕉にとっての旅は、いったん自分を死なせて再生させる行為だった。自分を非日常の時空において新たな自己を再生させる、命がけの作業だった。このくり返しをつうじて、彼は自己の芸術を深めていった。旅立ちの日、彼の胸中には相矛盾する感情がさまざまに渦巻いていただろう。期待・不安・緊張・希望・使命感……と。こんな多様な感情をたたえた発句によりそうのが脇句である。芭蕉になって決意する。「表八句を庵の柱に懸け置」いた芭蕉になるのである。

前時の「入試前」連句では、物語は快調に展開していった。ところが今度は違う。どの座もそうとう苦しんでいる。

「先生、今度はむずかしい。なかなかできません」。葵くん、すなわちシンペイは正直である。向かいの櫻さんも困りはてている。

それでも私はくり返す。

「一句を五分以内で詠む。連句が座で詠まれるかぎり、そこにはルールがある。必要以上に相手を待たせない」

ここでひとつの変化を感じた。向かいあってともに頭を抱えている者どうしに、前時に比べると、競争の関係があきらかに弱くなっている。なかには消滅している座もある。競争の関係が後退しさらには消滅して、かわりに共同性が前面に出てきたのである。高いレベルの課題に向かって精いっぱいのジャンプを要求されたかれらは、ともに知恵を絞るしかないのである。高笑いやさざめきにかわって、沈黙とつぶやきと対話がくり返されている。ともに悩みともにことばを紡ぎだす苦しみの共同体である。

もっとも苦労するのが、「転じ」である。打越から離れる、その離れ方をどうするか。ここに連句のおもしろさがあり、むずかしさがある。——季節を変え、場面を変え、風景を変える。いくつかの座は、ここに芭蕉の旅を展開させた。教科書本文をすべて読みかえし、『おくのほそ道』行程図をなぞっている。ケイスケとタダシは、「荒海や佐渡に横たふ天の河」の句を読みかえしている。国語便覧を開くと、佐渡をシルエットにして沈む大きな夕日の写真が載っている。それを見ながら、なにやら熱心に語らっている。「閑《しずか》さや岩にしみ入る蝉の声」の句を打越に詠み込もうとしている座がある。こうやって高館《たかだち》に芭蕉を立たせた。立石寺の急斜面の参道を芭蕉に登らせた。佐渡を望む浜辺に芭蕉を歩かせた。なかには、芭蕉をして、金色堂《こんじきどう》の須彌壇《しゅみだん》に眠る藤原氏三代の棺に触れさせた座もあった。

こんな苦労を重ねて、第八にたどり着いたとき、生徒には、なんともいえない安堵の表情が生まれた。これも、四十分たらずの小さな旅だった。

異質な存在ぬきに座は生まれない

しかし、すべての座がうまくいったわけではない。ある女子生徒どうしで組んだ座は、沈黙が続くのみ。対話が生まれない。発句が「入試前」のときは、ある程度作れたが、今度はさっぱりである。私もほかの座のやり方を見せ、具体的なヒントを与えるのだが、なかなか筆が進まない。すでに制作を放棄している。彼女たちは、いつもいっしょ、仲よしごっこのふたりである。このふたりのように強固な同調関係でつながっていると、作品を媒介にした対話と共同制作がむずかしくなる場合がある。私がこれまでの授業実践をつうじて、しばしば直面してきた課題である。とりわけ、たこつぼ化した女子生徒どうしで座を構成した場合に顕著である。学びが生じにくく、ともすれば制作からはずれて、ただのおしゃべりで終わってしまうことすらある。一見、活発な対話があるようでいて、じつは内実のない雑談にいつのまにか転化しているのである。そもそも座そのものが成立していないのだ。もし、このふたりに異質な生徒、たとえばふたりの男子生徒を加えたら、事情はおそらく一変したであろう。座の構成員どうしによる、笑い・驚き・納得・疑問・共感・反感といった、より豊かな感情の表出と共有がなされるためには、たがいの異質性・差異性の顕在化が必要なのである。

すなわち、「同質の存在」、より正確に言えば「たがいが同質であることを求めあい、呪縛しあっている者どうし」の場合は、座そのものの成立が困難である。座は、たがいの異質性の承認の上にはじめて成立する。

しかし、こうも思う。「同質の存在」どうしの同一性をどう闘わせ、そこから差異を顕在化させるのか。――この問題については、いずれあらためて論じたい。

両吟の句を学級に放つ

できあがった作品を全員のまえでつぎつぎに読む。Sさんと私とで交互に読む。作品の数だけの異なった物語が開陳される。こうなれば、作品の優劣を決めるといった評価意識は消える。座ごとの想像力の飛翔のありさまを驚き、笑い、感心し、どよめく。大きな振幅をともなった感情の共有が、かけ値なしに楽しい。

生徒には、とくに「第八」に注意させて聞かせた。それぞれの座が、物語の締めくくりをどう工夫しているか、もっとも興味が集中する部分である。だから、生徒の反応も敏感であった。代表例を挙げる。

心満たされ命散りゆく
信じ続ける風は旅人
次は酒田と歩き始める
異境の地へと心躍らす
あの芭蕉庵を夢に見ながら
明日も再び歩き始める

それぞれの座で生まれた作品を、三十五人の学級のなかへ放ってやる。そのためにふたりの教師が役割分担をして読んだのである。このときに、競争者どうしの関係は止揚されて、共同制作者すなわち不即不離の関係に、瞬時にしかも鮮やかに組みかえられる。おそらく、学びの共同体が成立するのはこのような瞬間なのだろう。やがて、授業終わりの合図とともに、五十分間の小さな共同体は消滅するのである。

生徒の作品から

草の戸も住み替る代ぞ雛の家　芭蕉
　思い出残る家との別れ　曽良
先見えぬ旅の行方を考える　出鱈目
　松島の月目ざして歩む　曽良
目の前の秀衡《ひでひら》が跡夢となり　出鱈目
　歴史の重み句に綴りゆく　曽良
美しく輝き放つ光堂《ひかりどう》　出鱈目
　触れた棺にあふれる感動　曽良

◉

草の戸も住み替る代ぞ雛の家　芭蕉
　空き家よりかはさぞうれしかろう　家康
石巻松島眺め夢の中　佐世保市民
　さらなる高みを見たくなるなり　家康
佐渡島越後の国から眺めてる　佐世保市民

沈む夕日に思いを重ねて　家康
大垣で旅路の思い出振り返る　佐世保市民
漂泊の思い止むことはなし　家康

◉

草の戸も住み替る代ぞ雛の家　芭蕉
家の中には光がともる　プン子
新たなる発見求め未知の場へ　旋律
不安と興奮高まる期待　プン子
旅先で俳句に込めるこの思い　旋律
涙を落とす夏草の中　プン子
終わりまで旅と過ごせて悔いはなし　旋律
満足と共に散りゆく命　プン子

◉

草の戸も住み替る代ぞ雛の家　芭蕉
今から歩む険しき道を　パウ
長き道次に行く場所気になりて　メケメケ
地図を広げて海に行きたい　パウ
我が心響くものあり平泉　メケメケ

立石寺を見象潟《きさかた》を見る　パウ
我が旅は命尽きても終わらない　メケメケ
　私は新たに川を渡った　パウ

◉

草の戸も住み替る代ぞ雛の家　芭蕉
　別れを惜しむ気持ち断ち切る　けしゴム
旅路にて季節を感じ筆を持つ　赤いボールペン
　寒さに腕を震わせながら　けしゴム
歴史ある地を踏みしめて涙して　赤いボールペン
　時の流れの過酷さを知る　けしゴム
拒んでも我が身を襲う死の時が　赤いボールペン
　だが我が思い永遠に消えない　けしゴム

◉

草の戸も住み替る代ぞ雛の家　芭蕉
　光差し込む床の間の雛　九曜
幾日も楽しい旅が待っている　地球
　仲間と共に旅の人生　九曜
旅の途中句を書いては残しけり　地球

辺りすべてが輝く景色　九曜
長々と時間をかけて大垣へ　地球
仲間と歩む我らの人生　九曜

クラスを座に

■角突きあわす関係から膝をつきあわす関係へ

授業をデザインするときに、私が留意していることは、「出会いの角度」である。作品に対して、学習者が角を突きあわすのか、それとも膝をつきあわすのか。たとえば、芭蕉の発句と真正面に向きあえば訓詁注釈になる。斜めからよりそえば、脇句ができる。

それは作品に対してばかりではない。教室に学ぶ者どうしを座に構成することは、緩やかな角度からの、たがいの出会いなおしにつながっていく。連句における座は、競争で火花を散らす関係から、たがいの膝をつきあわせる関係へと、生徒を組みかえる力をもっている。

■距離感覚を育て、同質性を砕き、差異の顕在化へ

連句の座に集う人びとには、微妙な距離感覚が必要である。人はいくら親しくなろうがほんとうにはわかりあえないという認識と諦念とを共有し、一定の距離をたがいに感じあえる関係、しかしだからこそつながろうとする意志を抱きあっている間柄にこそ、ほんとうの座が成立する。構成員

どうしの差異の顕在化とその承認によって、座が成立していく。私はここに、人間として成熟するために不可欠なものの存在を見る。

連句は、何でもありの表現を称揚するものではない。ルールの遵守をことのほか大切にする。そして、座の構成員の意思を超え、偶然と必然が縒《よ》られた物語が展開していく。そこで、作品がつながりながら生まれていく時間の共有が重要だと思う。とりわけ「待つ」ことの大切さ。制限時間の遵守というルールはあるものの、相手の思考の揺らぎやためらいを受けとめ、それに柔らかく応答する構えが必要である。その懐の深いかかわりによって、はじめて感情の心安らかな表出が可能になる。よりそいよりそわれの役割の転換は、いわば独奏者と伴奏者との交互変換である。私はここに、連句作りがクラスの同質性を破砕する主要なモメントを見いだす。

いきなり表八句の制作がむずかしいならば、前句付け*からはじめてはどうだろうか。

連句は、生徒がかかわりあって学び表現するためのひとつの方法である。それは教室の学び手の紐帯《ちゅうたい》として機能し、国語教室の活性化にささやかなりとも確かな貢献をするだろう。（二〇〇九年）

*——連句でもっとも短いかたち。まえの句（五・七・五）に七・七の短句を付ける。あるいは、短句（七・七）のまえに長句（五・七・五）を付ける。

II部

詩歌を読む

ともと人間だったので言葉がしゃべ

名句でもあるし駄句
「うふふふ」という誰
ことを考えるというの
この、三月の甘納豆
バカにしているよ
するけど本当は
と思う。
たぶん「うふふふ」
なんかあるよ

友達の前で私もホタルになりた
言ったのをおもいだしたホタル
たいっていった時友達もなりたい
た、その時私はカゴの外からじって
していた。なので私は声をかけた。
たよ。最初は気づいてもら
し昨日の事をはなしたらやっと
もらえた。そして友達が
んで負けて蛍に生まれたのとビッ
がら聞いてきた。友達は助けてあ
いう一応でがんばっていた。私は

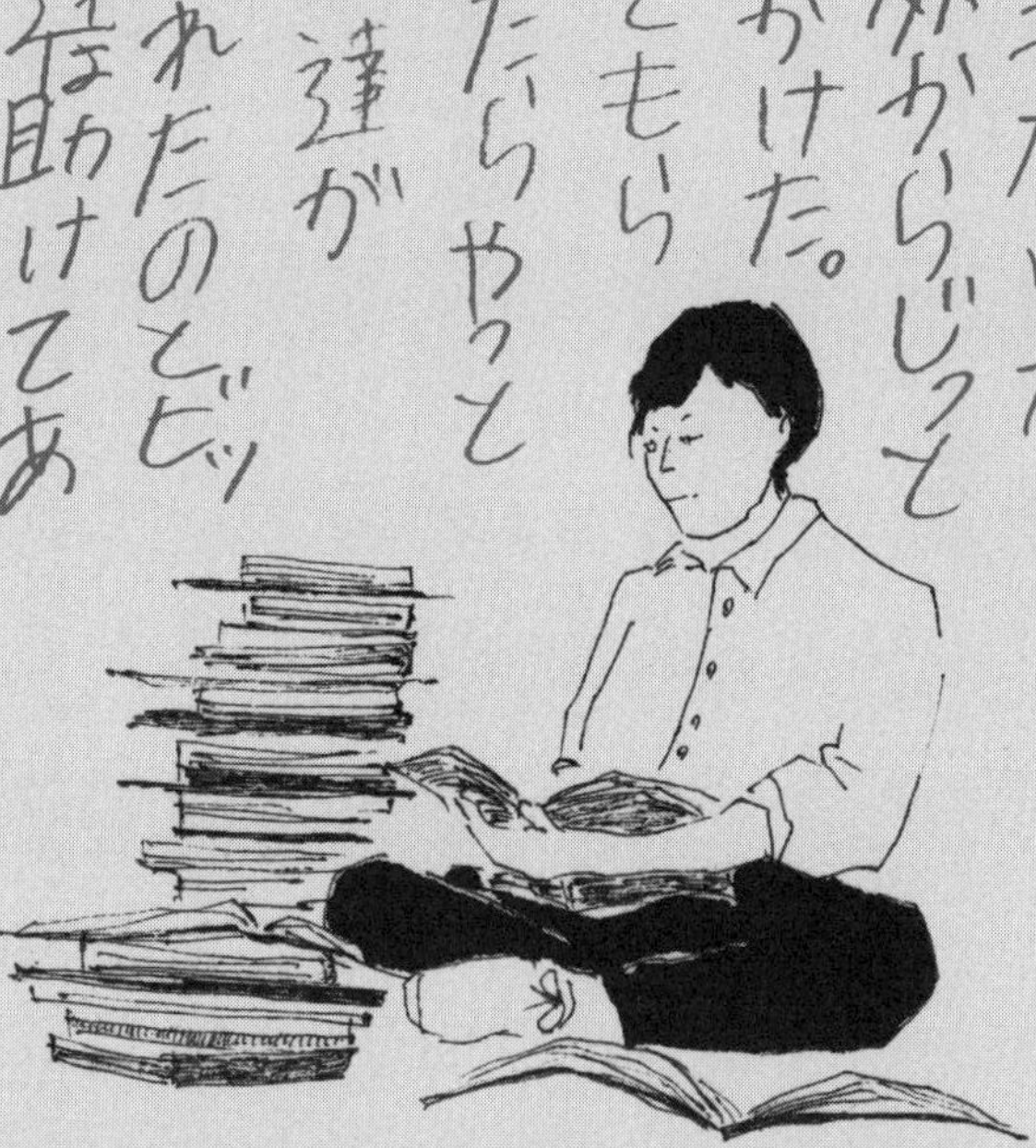

詩「便所掃除」（浜口国雄）を読む

✿ことばが離陸する瞬間を体感する〔中学一年生〕

便所掃除　　浜口国雄

扉をあけます
頭のしんまでくさくなります
まともに見ることが出来ません
神経までしびれる悲しいよごしかたです
澄んだ夜明けの空気もくさくします
掃除がいっぺんにいやになります
むかつくようなババ糞がかけてあります

どうして落着いてしてくれないのでしょう
けつの穴でも曲がっているのでしょう
それともよっぽどあわてたのでしょう
おこったところで美しくなりません
美しくするのが僕らの務めです
美しい世の中も　こんな処《ところ》から出発するのでしょう

くちびるを噛みしめ　戸のさんに足をかけます
静かに水を流します
ババ糞に　おそるおそる箒《ほうき》をあてます
ポトン　ポトン　便壺に落ちます
ガス弾が　鼻の頭で破裂したほど　苦しい空気が発散します
心臓　爪の先までくさくします
落とすたびに糞がはね上がって弱ります

かわいた糞はなかなかとれません
たわしに砂をつけます
手を突き入れて磨きます

汚水が顔にかかります
くちびるにもつきます
そんな事にかまっていられません
ゴリゴリ美しくするのが目的です
その手でエロ文　ぬりつけた糞も落とします
大きな性器も落とします

朝風が壺から顔をなぜ上げます
心も糞になれて来ます
水を流します
心に　しみた臭みを流すほど　流します
雑巾でふきます
キンカクシのうらまで丁寧にふきます
社会悪をふきとる思いで力いっぱいふきます

もう一度水をかけます
雑巾で仕上げをいたします
クレゾール液をまきます

白い乳液から新鮮な一瞬が流れます
静かな　うれしい気持ちですわっています
朝の光が便器に反射します
クレゾール液が　糞壺の中から七色の光で照らします

便所を美しくする娘は
美しい子供をうむ　といった母を思い出します
僕は男です
美しい妻に会えるかも知れません

（『浜口国雄詩集』〈土曜美術社〉から）

汚物もまた詩になる

学生時代のことである。現在は京都で喫茶店経営のかたわら、演劇、出版、それに予備校の講師と、幅広い活動をしている元国語教師の友人Kがしきりにすすめていた本に『詩の中にめざめる日本』（真壁仁《まかべじん》編・岩波新書）があった。浜口国雄の詩「便所掃除」はこのなかにあった。これが私とこの詩の出会いであった。はじめて読んだとき、この若い詩人のきまじめで誠実な人柄が、この詩のすべての行からまっすぐに伝わってきた。とりわけ最終連が印象的で、思わず口ずさんだのを覚えている。一九七六年のことだ。

それから三年後の一九七九年、茨木のり子の『詩のこころを読む』（岩波ジュニア新書）が出た。詩「便所掃除」は、この詩華集にもとられていた。茨木さんの解説を読みながら、私は「そうだ。そうだ。そうだったのだ」と、三年前を思い出しながら何度もつぶやいた。ことばにうまく置きかえられなかったけれども、なんだか心が熱くなるような軽くなるようなあのときの不思議な感情を、茨木さんはみごとに形象化してくれた。この詩の力、それがあきらかになったのである。たいしたものだ。それでますます茨木のり子という詩人が好きになった。もちろんこの詩も、新たな魅力をもって輝きはじめた。これが詩「便所掃除」との第二の出会いであった。つぎに、茨木のり子の『詩のこころを読む』から引用させていただくことにする。

便所掃除が詩になるなんて、西洋の詩神《ミューズ》が知ったら腰をぬかすでしょう。そういう意味からも、この詩はきわめて斬新、前衛的、堂々として、詩で、あります。いろんなアンソロジー（詩華集）にも入っていますから、たくさんの人に愛され、今まで残ってきたことがわかります。

「どうぞこの人に、姿かたちも気だても美しい、人もうらやむ楚々《そそ》とした新妻があらわれますように……でなかったら、怒っちゃうから、もう」

はじめて読んだとき、そういう祈りが心の底から湧いてきたのでした。

作者の浜口国雄は、国鉄職員（一九二〇―七六年）で、金沢市で荷物輸送の専務車掌を長くやっていました。作者の若い時――敗戦後の混乱期にあたりますが、その頃書いた一篇です。一九五三年頃は、衣食足らず、したがって礼節も知らずで、駅でも公衆便所でもひどいよごしかたでした。（…中略…）

詩にもどりましょう。詩の全体は手仕事の順番を追って、無駄なく見たまま、やったままを、一つ一つ自分で確かめるような形で書かれています。「です、ます調」で書いたのも一区切りずつの労働のリズムを伝えて、よく生きています。けれどこの詩が、

　社会悪をふきとる思いで力いっぱいふきます

あるいは、

　クレゾール液が、糞壺の中から七色の光で照らします

のところで終わっていたとしたら、読んでまもなく忘れてしまい、今に至るまでこんなに強烈に覚えてはいないでしょう。詩ではないと思ったかもしれません。そうです。「便所掃除」を詩たらしめたものは終わりの四行なのです。ここへきて飛躍的にパッと別の次元へ飛びたっています。飛行機にたとえていうと、一つひとつの労働描写のつみかさねは、じりじり滑走路をすべっている状態で、だんだん速度をはやめ、或るとき、ふわっと離陸した瞬間が終わりの四行なのです。

いつも思うのですが、言葉が離陸の瞬間を持っていないものは、詩とはいえません。じりじりと滑走路をすべっただけでおしまい、という詩でない詩が、この世にはなんと多いので

しょう。（…中略…）

便所を美しくする娘は
美しい子供をうむ　といった母を思い出します
僕は男です
美しい妻に会えるかも知れません

大きなひろがりをもった男らしい詠唱《アリア》です。

けれどこの終連がどんなによいからといって、もしこれだけだったとしたら、感銘はうすいでしょう。前半の物に即した描写がしっかりしていたからこそ、この部分が生きたのです。そして、汚いものでも十分詩になり、詩語という特別なものは何もなく、ふだんの言葉が昇格するだけで、詩の美しさは結局それを書いた人間が上等かどうかが、極秘の鍵をにぎっているらしい……そんなこともいろいろ教えられます。（…以下略…）

マサオの朗読の先へ

「便所掃除」を中学一年生の国語の授業にとりあげたのは、一九八七年の十月だった。松で覆われた小値賀島《おぢかじま》には紅葉というものが見られない。そのかわり、水平線に沈む夕陽がいちだんと壮麗に輝くところに、私は西海のこの島の秋の深まりを感じる。体育大会を終えると、町内小・中学校の合同音楽会が間近である。一年生は、合唱曲「木琴」に取り組んでいた。七月に金井直《かないちょく》の詩「木琴」を学んだかれらは、岩河三郎《いわかわさぶろう》が美しい曲をつけたこの歌をどうしても歌いたいというのだ。そのあとには文化祭が控えている。学校は、慌しいけれど活気ある日々が続いていた。私が佐世保からの船で四時間のこの島の学校に赴任し、一年生を受け持ってから、まもなく七か月がたとうとしていた。

かれらは、子どもらしい無邪気さをまだ失っておらず、多くの生徒が屈託のない明るさを身につけていた。

「一年二組は活気あふれるクラスで、小値賀中にその名をはせています。異性どうしの仲もよく、忠臣蔵の四十七士もかなわないような、しっかりしたクラスです。しかしこれは生活面のことであって、学習面ではちょっと押しただけでいっぺんにくずれてしまうドミノのようになります。先生が話しているとき、授業を変な方向に持っていったりと、さまざまなことをします。一年二組はうるさいクラスだと思われるでしょう。しかし、そうでもないのです。自分たちに出された問題は必死で解こうとします。その執念深さは、一度食いついたら絶対に離れないスッポンそのものです。この執念は担任のそりこみ先生と言うべき近藤先生の指導からなるものです」

学級委員長のケイタは学校文集のなかで、わが学級をこのように紹介している。私の授業は、こんなときにこんな生徒を相手にしておこなわれた。

教師になってから、私は受け持った生徒と毎年この詩を読んできた。授業は年ごとにまったく違った展開を見せた。学年の違い、学級の状態、時期、そのほかさまざまな条件が授業に微妙な影響を与える。回を重ねさえすればよい授業ができるとはかぎらない。

もっとも思い出深い授業は、最初のものである。新任の私が受けもったのは二年生だった。あのときも同じ秋のある日、学級指導の教材として、一時間で扱ったのだった。しかし、プリントしたこの詩を配るなり、教室は笑いの渦。もう、私の説明に耳を貸そうともせず、詩のここそこを指さして、ゲラゲラ、ニヤニヤ、クスクス。とてもみんなで読みを深めていけるような状態ではない。しかたなく私は、「社会悪をふきとる思い」を解説し、自分はなぜこの詩が好きなのか、すなわち第七連がいかにすばらしいか、そういったことを一方的にまくしたてたあと、生徒に音読させようとしたのである。

「だれか読んでくれないか」

するると、

「マサオだ！」「マサオだ！」「朗読のマサオだ！」

生徒たちは口ぐちに朗読のうまいマサオの名を挙げた。

「よし。マサオ、きみ、読んでくれ」

「はい」

指名を受けたマサオはすっと立ち上がった。級友の好奇の視線がさっとマサオに集まった。その素直な返事がかれらには意外だったのである。マサオはほんとうに読めるのだろうか。読めるのならどのように読むのだろうか。私も彼を黙って見守ることにした。マサオは読みはじめる。いつものように、ゆっくり、はっきり大きな声で、一行一行をていねいに読んでゆく。しかも、このうえなくまじめに。それは作者の仕事ぶりそのままの姿だった。

「扉をあけます」

わっとどよめいた。涙をこぼしながら笑いこける者さえいる。「ババ糞」「けつの穴」「ポトン　ポトン」――こんなことばがマサオの口から発せられるたびに、失笑が起こる。

ところが、その笑いが次第に小さくなってゆくのである。第一連の爆笑が、二連目ではざわめきに変わり、三連目に進むと、数名が単発的に笑うだけになった。すでに半数の生徒の表情には真剣なまなざしが宿りはじめた。

第四連を過ぎ、五連目に入ると、くすくす笑いも私語も完全に影をひそめた。緊張感みなぎる静寂のなかをマサオの声だけが響く。見ると、みんなの目はプリントに釘づけだ。「僕は男です　美しい妻に会えるかも知れません」。マサオは心をこめて、このうえなくやさしく、語りかけるように読みおえた。とたんに、「オーッ」という歓声と万雷の拍手。それはしばらく鳴りやまなかった。感動したときの人の顔には不思議な明るさとやわらかさが宿る。いい顔になる。みんなの顔にそれがあった。子どもの変化はときに劇的な光のなかで現れることを、私はこのときにはじめて知ったのだ。いまにして思えば、私がこの詩を教えることにこれほどこだわるのは、この体験があるからかもしれない。

しかしあのとき、この詩に関して私は何ひとつ「教え」なかった。もし私の仕事に何ほどかの意味があったとすれば、詩「便所掃除」の紹介者としてのそれであろうか。ただ、マサオのみごとな朗読が、すんでに笑殺されるところだったこの詩の危機を救い、生徒を「便所掃除」にまじめに向きあわせたのである。ほんとうはそこから真の授業が創造されねばならなかった。

今回の授業は四時間をかけた。一編の詩の授業にしては十分すぎるほどの時間を注いだ。が、はたして、あのときのマサオのただ一度の朗読ほどに、私は生徒を「便所掃除」の世界に引きいれえただろうか。そう自分に問いかけている。

詩「便所掃除」と生徒とのファースト・コンタクト

まず、われわれに身近な公衆便所のことから授業に入った。（以下、Tは教師、Sは生徒。）

T　小値賀には鉄道はありませんが、汽車に乗ったことがある人はどのくらいいますか。

S　（四十名中二十六名が挙手。）

T　駅の便所に入ったことがある人は？

S　（約半数が挙手。「佐世保駅の便所でいいのですか」の声あり。）

（いきなりこんな質問を受けた子どもたちのなかには、怪訝な顔もある。国語の授業と駅の便所との接点は見つかりそうにない。）

T　うん。上等だ。いいところに入った。その便所のようすはどうでしたか？

S　汚くてくさかった。

S　汚れていてタバコの臭いがむっときた。

S　落書きがあった。

S　うんこがかけてあった……。
T　どこの駅の便所も汚いんだね。ところで、小値賀には公衆便所はありますか。
S　バス停の隣にある。
S　神社にある。（「神社のは汚い」の声あり。）
T　神社のはどう汚いの？
S　草がぼうぼう生えていて、暗くて、ハエが飛んでいた。
S　学校の運動場の便所も汚い。
T　あそこはとくにくさくて汚いね。きみたちの家の便所はどうだ。
S　ずっときれい。
S　公衆便所ほど汚くない。
T　どうしてだ。
S　お母さんが毎日掃除をしているから。
S　汚さないように使うから。
T　自分の家の掃除をする人は、どのくらいいるかな。
（挙手なし。）
T　学校では便所掃除の当番があるが、それが好きな人はいるか。
（挙手なし。）
S　嫌だよ。くさい。

S　小学校のときは早く終わるからよかった。

（このように、小値賀の公衆便所から、学校の便所、自分の家の便所へと話題は広がる。どこの家の便所もきれいなのに、公衆便所が汚いのはなぜなのか、話は尽きない。）

T　では、いまから詩を読んでいきます。まず黙読しなさい。（と言って教材プリントを配布。）

（黙読を始める。生徒の表情が次第に変わってゆく。その変化のさまはじつにおもしろい。ぷっと吹きだす者、にやにや笑う者、笑いをこらえて顔を赤くする者、目を大きく見開いて真剣に読む者、隣となにやらひそひそ話す者……さまざまな顔があった。「僕は男です」のところを指さして隣と話している女の子もいる。時間五分。）

T　まず私が読みます。（ゆっくり音読する。）

（みんな黙って聞いている。笑う者は不思議にひとりもいない。）

T　（音読を終えて）行に通し番号を打ちなさい。題名は0行ですね。この詩の形式は？

S　七連四十七行の口語自由詩。

T　私はこの詩をまだ一行だって解説していない。作者についてもまだ何も話していない。この詩を読んで何を感じたり、考えたりしただろうか。あるいは、何かを思い出したりしなかったか。いま、自分の心のなかにある思いをよく見つめて、それをあるがままにノートに書いてごらん。

S　（ノートに書く。時間十分。）

T　発表しなさい。

S①「すごく汚い詩だ。反面、自分の思いが素直に書けていていい。それにしても、夏休み明けの学校のトイレの臭いは強烈だった。ハエは百匹以上ぶんぶん飛んでいて、殺して流すのに苦労した」

S②「だれが読んでも笑ってしまう詩です。私も思わず吹き出してしまいました。しかし、掃除の様子を詳しく書いている詩でもあります。意地でも美しくしてやると必死です」

S③「とてもおもしろかった。笑いを必死にこらえながら読んだ。とくに『くちびるにもつきます』が普通のことばで表現してあるのに、生々しく感じた。六連目は、ぼくもそんな経験があるので、なぜか美しい光景に見えた」

S④「はじめて読んだとき、はっきり言って勉強したくありませんでした。詩の中にはもっと美しいものがたくさんあるはずです。この詩のなかでほんとうに詩らしいのは第七連だけで、ほかはただの観察・体験記録だけだと思います。私は浜口さんの心をまだよく読みとれていません」

S⑤「ぼくもよくこんなことがあります。けど、いくら掃除しても、使う人からきれいにしなければしょせん同じです」

S⑥「とても変な詩。読んでる私のほうが恥ずかしくなる。でも、作者はよく観察している」

S⑦「こんなのは詩とも思えない。学校の便所を思い浮かべながら読んだ。つぎは弁当でいやだった。詩人というものはたいへんな仕事だ」

S　作者の見たままが描かれてある。

T　そうだ。見たままとは、作者は何を見たのだ。

S　うんこ。ババ糞。

T　ババ糞がどうなっているの?

S　便器にかけてある。

T　そうだ。作者はババ糞をしっかり見ている。嫌なものから目をそらさず見すえる。こんな作者の態度を何と呼ぶのだろう。外来語、「リ」で始まることばだ。辞書で見つけて、ノートに筆記体で書きなさい。いちばんに見つけた人が黒板に書いてくれ。

(ちょうど英語の授業で筆記体を習っており、生徒はそれを使いたくてうずうずしているときだった。まもなく「リアリズムだ!」というナオキの声。)

T　「掃除をしているようすを詳しく書いている」のだが、掃除の手順に従って、一つひとつの動作が具体的に丹念に描かれている。それらを積み重ねていってはじめて便所はどうなるの?

S　きれいになる。

「ババ糞」をイメージする

T　第一連をみんなでいっせいに読みなさい。

S　(いっせいに声をそろえて読む。)

T　「扉をあけます」。何の扉?

S　便所の扉だ。

T　開けたら何を発見したのだ?

S　(口ぐちに)うんこ。健康なうんこ。くそ、ババ糞。ばあちゃんのうんこ。……

T　詩のなかのことばで……。

S　「ババ糞」。

T　そう。この詩には「ババ糞」とある。それは「うんこ」と同じか。

S　同じだ。

S　いや、違う。

T　「うんこ」と「ババ糞」では、指ししめすもの、つまり対象的意味は同じだ。辞書には何と説明してあるか。「くそ」で引いてみよ。

S　「肛門から出る、吸収されたあとの食べ物のかす。類義語は、ふん、大便」（『新明解国語辞典』三省堂）。

T　じゃあ、作者はなぜ、「肛門から出る、吸収されたあとの食べ物のかす」を、「うんこ、ふん、大便」じゃなく、わざわざ「ババ糞」ということばで表したのだろうか。ノートに書きなさい。

S①「恨みがこもっている。なぜこの世に出てきたんだ、このやろう」

S②「ババ糞の方が汚くリアルに聞こえる。うんこは牛くさい」

S③「これから格闘する相手（ババ糞）に闘志を燃やしている」

S④「婆ちゃんのようにしわがたくさんあるとも考えられる」

S⑤「便所という言葉によくあっている」

S⑥「ほんとうに汚くて汚くてたまらなくて、ぐあいが悪くなる様子を読み手にわかりやすく伝えている」

S⑦「キッタナイ！　これは『うんこ』といっても、『糞』といってもまだもの足りない。それを上まわる汚さだ。普通の言い方では、この汚さのなかを一所懸命仕事をするのをわかってはもらえないだろう」

S⑧「『ババ糞』はいかにもとび散って固まってしまった感じ。『うんこ』は一つの固まりでどっしりしている感じ」

S⑨「心が汚くて、けつの穴がひん曲がっている人がした糞」

S⑩「毎日きれいに掃除しているのに、今日もうんこがくっついていてくやしく思った言い方」

S⑪「そこの状態を伝えるばかりでなく、臭さも伝える」

T「『ババ糞』ということばには、汚い、恨めしい、悔しい、嫌だ、腹が立つ、こんな作者の感情がこめられているんだね。ババも「くそ」という意味だよ。ババ糞というのは、そんな思いをこめて強調して言ったんだね。このときの作者のつぶやきをノートに書いてごらん。

S①「またかあ、うんざりだなあ」

S②「逃げ出したいのに逃げだせない。くやしい」

S③「なんてえとび散り方だ。もっとまともにしろよな。バカヤロー、クソッタレ！」

S④「きさま。何べんおれの鼻を曲げれば気がすむんだ」

S⑤「いったいだれのしわざなんだ」

T「便所という言葉によくあっている」とあったが、「便所」のほかのよび方は。

S　トイレ。手洗い。かわや。せっちん。

T　「便所」と「トイレ」はどう違う。

S①「便所は、いかにも昔風で、じめじめしていてきたない感じ。くそもひんまがって落ちる。トイレは、現代風で清潔。便器もてかてかしており、くそも好んでまっすぐ落ちていく」

S②「便所という人が素直でいい」

S③「便所は、下品で汚い。日本人らしい。和式。いかにも人が近寄らない。迫力がある。トイレは水洗。上品で清潔。新しい。近代的」

S④「便所は、あまりまわりのことを気にしない人が使う。トイレは、礼儀正しい人が使う」

S⑤「便所は発音が汚いので、汚いところにきこえる。トイレは、発音がさりげなくていい」

S⑥「トイレはナウイじゃん。便所はイモじゃん」

S⑦「便所はしゃがむ。トイレは腰掛ける」

（生徒は喜んで、さまざまな視点からいろんな考えを出した。こんなときの生徒はじつに生き生きしている。）

なぜババ糞が「悲しい」のか

T　「ババ糞」と言った作者の気持ちは詩のなかのどこに表れているか。あるだけ見つけなさい。

S　二～七行と一八～一九行だ。

（二～七行を一行ずつ吟味していった。）

T　「頭のしんまでくさくなります」の頭の芯とは？

S　頭の中心。脳みそのこと。
T　(辞書を見て)「まで」の働きには、「動作・作用の及ぶ範囲をあらわす」とある。ということは……。
S　くささが脳みそにまでおよんだ。
T　だから、ほかのところはどうなんだ。
S　顔や目や耳や口もみんなくさくなった。
T　そう。それだけひどいくささだったんだね。「まともに見ることが出来ません」は、何を……。
S　「ババ糞」だ。
T　なぜなんだ。
S　あまりに生々しく汚いから。
T　それで思わず目をそらしてしまったんだね。きみたちならどうする。
S　見られる。
S　いや、見れんよ。
T　「神経までしびれる悲しいよごしかたです」の「悲しい」の意味を辞書で確かめなさい。
S　「心がいたんで、泣けてくるような気持ちだ」(『例解新国語辞典』三省堂)。
S　「(不幸に会った時など)取り返しのつかない事どもを思い続けて、絶望的な気持になる様子だ」(『新明解国語辞典』)。
T　なぜここで「悲しい」ということばを使ったのだろう。心が痛んで泣けてくるのは、絶望的な気持ちになるのはなぜだ。

S①「汚れ方があまりにもすごいから。便器に平気でババ糞をかけた人の心がこんなにも汚れているのかと思うと悲しい」

S②「毎日掃除をしているのに、毎日、毎日、同じように汚れて、見ただけで心が痛む。こんな汚し方をするほど、いまの人の心は落ちぶれているのかと思うと悲しくなる」

S③「毎日毎日一生懸命きれいに掃除をしているのに、また今日も人のことを考えないでめちゃくちゃにうんこがかけてある。人の心はこんなにも汚れているのかと悲しくなる」

S④「自分がこの汚い糞を落として掃除をしなければならないのかと思うと悲しくなる」

T　その汚し方がどれほどひどいものだったか。「悲しい」は、怒りを通りこしているのだ。汚された便器も悲しそうに見える。トイレの使い方で人の心がわかる。あとに使う人や掃除をする「僕」がどんなに不愉快になるか。便所の汚れ方が、そのまま使った人の心の汚れを表しているのだ。だから、悲しくなる。情けなくなる。「澄んだ夜明けの空気もくさくします」というのは……。夜明けの空気は澄んでいて、さわやかだ。それもいっぺんに汚れてしまう。何のおかげで……。

S　ババ糞だ。

T　「掃除がいっぺんにいやになります」。当然だ。やる気をなくすんだ。そうだろう。きみたちならこんな光景を見たらどうする。

S　掃除しない。逃げだす。

S　いや、する。（便器に垂れかけた糞を始末した経験がある者は、四十名中十八名。）

T　「むかつくようなババ糞がかけてあります」（七行目）の「むかつく」とは。

S　吐き気をもよおす。

T　吐き気をもよおすようなババ糞がかけてあったのだ。何に……。

S　便器に。

T　ここまできて、ようやくこの詩の中心的な人物が登場してきた。第二の主人公だ（第一は「僕」）。それはだれだ。

S　便器にたれかけてあるババ糞。

T　この七行目は、どこに入れかえられるか。

S　一行目と二行目のあいだ。

T　どうしてそうせずに、わざわざ第一連の最後にもってきたのだろう。

S　読む人を期待させている。

T　そう。読み手は次第に疑問をふくらませていくんだ。頭の芯までくさくし、神経までしびれさせ、夜明けの空気をくさくし、掃除をいっぺんに嫌にさせ、吐き気をもよおさせる、まともに見られないものは、何だ。

S　（いっせいに）ババ糞だ！

最終連、離陸することば

第二連以下も、こんなふうにして読みすすんでいった。そして第七連へ。

T　第七連を読みなさい。

S　（読む。）

T　いいねえ。こういうところはくり返し声に出して味わおう。

S　（くり返し読む。）

T　このことばをどう思う。ノートに書きなさい。

★ぼくは浜口国雄じしんになったような気がする。——マサト

★本当に便所を美しくする娘は、美しい世の中をつくっていく子供を産むと思う。——タカシ

★男は男なりに精いっぱいやりとげた男の気持ちがしみじみわかった。——アキラ

★いい言葉だと思った。美しい妻にめぐり会えればと思った。これが本当ならば。——シズカ

★それがことわざとしても、私はこの言葉が本当だと信じます。——ミツヨ

★ただの迷信みたいなものだと思ったけれど、この詩を読んで本当にそうなるような気がした。——ヒロマサ

★作者が便所掃除をする時、自分を支えている言葉。——エリ

★「僕は男です」というところが、作者らしい。——リュウヘイ

★この年になってもこんな夢のような話を信じるなんて。しかし、こんなところでこの言葉を思い出すということは、それだけ親の愛情にふれていたんだなあ。美しい子どもや美しい妻というのは、心が美しい人ということじゃないか。便所掃除などの、汚くて誰もしないようなことをきちんとするということは、いい心の持ち主だと思う。それが子どもや他人にも影響を与えるんじゃ

ないだろうか。――テツヤ
★お母さんがとっても、好きだったのだと思う。奥さんにはお母さんのおもかげのある人を選ぶだろう。こんなにきれいに便所掃除をしたのも、お母さんのいった一言を思い浮かべていたからできたのかもしれない。――ナツコ
★私はきれいなものをきれいだといえる娘や、きれいなものを好む娘が美しい子供をうむのだと思います。――ユミ
★とにかくとてもいい。本当に美しい妻にあったかどうか知りたい。――マオ
T　ナツコさんは「この詩のなかでほんとうに詩らしいのは第七連だけで、ほかはただの観察・体験記録だけだと思います」と感想を書いたが、そう、この詩は第七連のおかげで豊かな詩になったのだ（茨木のり子の文章を引いて説明する）。くり返し音読しなさい。
S　（音読する。）
T　「『便所掃除』を読んで」という題で感想を書きなさい。
以上で四時間にわたる授業を終えた。

感想より
★一回目、読んだ時、ただ汚いことばかり書いてあっただけで、こんなの詩とも思わなかった。

でも、勉強していると、汚い言葉の中にも作者の心を表わした美しい言葉もあった。そしてこの詩は坂を登るように、言葉がだんだん美しくてきれいになっていくのにも気づいた。作者のいやな体験をおえたすがすがしい気持ちが最後のほうでよくわかった。――リュウヘイ
★不思議な詩。なぜ、こんな不潔なことを書いて、よい詩だと言われるのか。初めはそう思った。だけど、何度も読んでいくうちに、わかりかけてきたような気がした。先生が言ったように、七連目が六連目までをいっぺんにもりあげている。先生が言った後だったからかもしれない。でも、そう思った。本当に不思議な詩だな。――タケル
★最初は汚い言葉がぞくぞく出てきてとてもおもしろかった。しかし、そう思ったのもつかのまでした。あの七連目の文章は最高でした。三十八行目からの美しく輝いてる六行の文章。また、「僕は男です／美しい妻にあえるかもしれません」。ここを読んで、これからは便所掃除をまじめにやろうと思いました。しかし僕は美しい妻に会えるためにやるのではなく、母から便所の神様がいちばんきれい好きときいたからです。――ノリオ
★僕もこんないい詩を書きたいな。――マサミ

（一九八八年）

詩「便所掃除」と教師の仕事

私は、この詩を授業すること、この詩を生徒とともに読むことは、すなわちこの国の民主主義とは何か、民主主義社会の担い手たりうる人格とは何か、という問いについて考え、語りあうことに

ほかならないと考えている。そしてこの詩が、この国の新しい歴史をつくりつつある者としての自覚と意欲と希望をみなぎらせた五〇年代の若者と、現代の子どもとを結びつける。

この詩のもつ初々しさや清新な抒情には、時代の空気が漂っている。作者の愚直なまでのきまじめさとひたむきさ、人間に対する絶対的な信頼、仕事への誇りと使命感、高い倫理観――これらは時代を担う主体者としての自覚と当事者意識に裏づけられている。はたして、これだけのものを、教師である私はもちえているだろうか。

はじめてこの詩を読んだとき、私は言いしれぬなつかしさを感じた。それは、自己が形成されたときの記憶の海底に沈んでいるもの、すなわち自分がほんとうに大切にしたい記憶に、ゆくりなく触れえたときの気持ちなのだ。

やがて、私はこの詩からなつかしさ以上のものを感じはじめた。この詩は、自分が失ったもの、失いつつあるものは何かを痛切に問いかけているのだ。多くの日本人がもはや失ってしまったもの、失いつつある心情が、生まれたての初々しさ、みずみずしさそのままに、読み手に伝わってくる。

豊かに流れる時間のなかで、物質的には不如意であっても、それだからこそ人びとが未来に希望を抱き、あすはきょうよりもよくなるという信仰をもち、前途洋々たるこの国の未来をめざしてひた走っていた時代の息吹を感じる。いまの日本人には、こんな詩はもはや作れまい。しかし作る人はいなくなっても、それをいとおしみ、なつかしむ人は絶えないだろう。

今年（一九九四年）、教職十四年目の春を迎え、八年ぶりに一年生の担任となった。朗読のうまかったマサオは二十八歳。どこで何をしているのだろうか。かつての生徒のなかには教壇に立つ者もいる。そのひとりとは同じ学校で机を並べてもいる。

最初の授業をしたときにはこの世に影もかたちもなかった子どもに、また「便所掃除」の授業をする。十四年のあいだに国鉄がなくなった。駅の便所もいまはずいぶんときれいになって、ぽっとん便所は姿を消した。自分が排泄したものも、レバーのひとひねりで勢いのよい水流があっというまに目のまえから消しさってくれる。この詩に出てくるような便所は博物館でしか見られまい。

「美しい世の中も　こんな処から出発するのでしょう」──私がいま、もっとも共感を覚えるのがこの一行である。小状況の変革の地道な積み重ねなしに大状況の変革はありえない。それは小状況に埋没することではない。大状況を見すえながら、その変革を射程距離に入れながら目のまえの状況に全身全霊で取り組んでいる「僕」の愚直な姿は、われわれ教師の日々の仕事そのものではないか。愚直で不器用なかたちをもってしか伝えられないメッセージがここにある。詩的真実は、しばしばこのようなかたちを求めるのではなかろうか。

子どもをとりまく社会の矛盾は大きく、子ども自身が抱え込まされた病根は深い。教育問題は日々報じられ論じられる。しかし、こんな大状況を変革するヴィジョンと力は、小状況に誠実に向きあうなかで生まれる。教師の仕事のほとんどは、教育哲学と使命感という武器を懐中に忍ばせての無数の小さな「具体状況」との格闘なのだ。

さあ。今年の一年坊主、かれらにどんな授業をしてくれようか。

（一九九四年）

詩「春」二題（安西冬衛）を読む

✿一行詩で春を味わう［中学二年生］

小値賀島の春のすばらしさが、授業のきっかけに

長崎県五島列島、小値賀島《おぢかじま》。ここで私は五度目の春を迎えた。

その土地には土地の春があるが、島の春もまた格別なものがある。季節と人びとの暮らしとが、これほど深くかかわりあっているところはそんなにはあるまい。暮らしが季節そのものなのである。

冬の海鼠《なまこ》突きと牡蠣《かき》打ちが終わると、若布《わかめ》とりや石蓴《あおさ》とりで春の労働が始まる。四年前にこの地に赴いたとき、妻がピアノを教えたいからと、教員アパートではなく、一軒家を特別に探してもらったが、その庭先に吊るされた若布が、肌寒い海風にひらひらと踊っていた。それを、不安そうに見ていた妻の姿を思い出す。

はてしなく青い海、緑したたる松林、真っ赤な炎を吹きあげて水平線の彼方に沈む太陽、季節ご

とに咲きうつろう草花……すべてのものが美しく豊かで、この地に赴任できたことのしあわせを実感しつつ、折々に子どもに語ったのだった。

しかし、思えば、子どもにとってこの島は、受け身形で与えられた生活の場であることも事実だ。かれらが生を受けるはるか以前、太古から海は真っ青であり、島を覆う松の緑は濃《こま》やかであり、太陽は野崎島《のざきじま》の陰からのぼり、美良島《びりょうじま》のかなた、東シナ海の水平線に沈む運動を無限にくり返しているのである。

私たち、転勤してきた教師がきまって語る小値賀讃美、それを毎年聞かされる子どもも、内心、また海か、また松か、と少々うんざり気味なのだ。私たちがこの地の自然のすばらしさ、人のやさしさを通りいっぺんに讃美しても、子どもは何ひとつ変わらない。わかりきったことをいくらほめたたえても、それは子どものものごとを見る目を育てることにはつながらない。このことを、いつのころからか私は気づきはじめた。讃美することと、共感をもって見つめることは違う。置物や壁にかけた絵を見るように小値賀を見、めでる（これを翫賞《がんしょう》という）うちは、私たちはついに他所者《よそもの》でしかない。

すばらしすぎるほどの春に、その身体と生活のすべてを包み込まれているなかにあって、「新たな目で自己や自己をとりまく状況」（麻生信子『文学作品の主題のとらえ方』）、すなわち、自分が生まれ育ち、生活をしている島と、その春と、そこに生活する人びとと自分とを見なおすきっかけを授業で与えてやることができないものか。

こんな思いを胸に、はじめて受けもった生徒と、詩「春」の授業を始めた。

これで終わり!? たった一行の詩

春　安西冬衛《あんざいふゆえ》

てふてふが一匹韃靼《だったん》海峡を渡って行った。

第一時では、漢字「春」の古代文字を提示し、この文字を構成する意味を説明したあと、「春」ということばから連想するものを生徒に挙げさせた。

この、かれらが共通して体験し、もっている春、すなわち、日常的・常識的な春の姿の確認が、つぎへのステップである日常的なイメージを超えた文学の世界へ足を踏みいれるための前提作業である。ここにおいて教室の構成員は、安西冬衛の「春」を読み解いていこうとするスタート地点に横一線に並んだのである。

（以下、第二時以降の授業記録。）

T　では、いまからある詩を書きます。この詩集（『日本の詩歌』25・中央公論社）のなかに収められています。こういう題です。（「春」と板書する。）

S　はる。（声を出して読む。）

T　作者はこういう人です。（「安西冬衛」と板書。）アンザイフユエという人です。はる。あんざい

S　ふゆえ。はい読んで。
S　はる。あんざいふゆえ。
T　つぎ、いくよ。（まずは、「てふ」と書く。）
S　てふ？
S　チョウ？
T　（「てふてふが」まで書く。）
S　チョウチョウが。（多くの生徒が言う。）
T　よく読めたね。なぜ？
S　一年のとき習った。
T　こんな書きあらわし方を何と言うんだった？
S　……歴史的仮名づかい。
T　そう。古典で習ったね。「春」という題の詩で、ちょうちょうが出てきた。どうですか？
S　（みな、うなずく。）うん。うん。いいです。
T　きのう、春から連想するもので、ちょうちょうと書いた人が十人、いちばん多かったですね。
もっとも春らしい虫、春を代表する昆虫です。（さらに、「一匹」と板書。）
S　イッピキ？
S　春にはたくさんいるんじゃない？
S　でも、かたまっていないと思う。

S　モンシロチョウじゃないかな。

T　「てふてふが一匹」。このあとどう続けますか？

S　蜜を吸っていた。死んでいた。人の顔にとまっていた。花にとまっていた。軽やかに舞っていた。……

T　では、本命の安西冬衛さんはどう続けたか。書きますよ。

（全員が息をひそめて私のチョークのさきを見つめている。「韃靼海峡を渡つて行つた。」と一気に書く。）

S　うん？

S　なんとかカイキョウ。

S　タッタン？

T　いまのなんとか海峡、タッタン、近いですね。これはダッタン海峡と濁って読みます。「チョウチョウガイッピキ　ダッタンカイキョウヲワタッテイッタ」。

（二回、はっきりゆっくり読む。それから黙って生徒を見る。しばらく沈黙。生徒、めんくらっているようす。やがて……）

S　これで終わり？

T　はい。これでおしまいです。

S　おおっ。ええっ。へえー。

（教室がどよめく。吹きだす者、首をひねる者、隣どうししゃべりだす者、顔を見あわせている者などさまざまである。しばらくそのままにしておく。やがて、教室のざわめきは収まってゆく。）

T　もう一度読みます。（題、作者名、作品の順に読む。）今度はみんなで読みましょう。はい。（教師もいっしょに読む。）

S　（読みおえて）ハハハー。（また、クスクス笑いが起こる。）

S　何だこりゃー。

T　ケンジくんのように、何だこりゃ、と思う人？

S　（ほとんどがさっと手を挙げる。）

T　みんな、そう思うんですね。ほんとにこれだけ、一行だけの詩なんです。ほら。（詩集を開いて示す。）では、もう一度読んでみよう。

S　（読む。）

T　口をはっきり開けて、チョウチョウ、イッピキ、ダッタン、ワタッテイッタ。つまる音を正しく鋭く読んでみよう。もう一度。

S　（読む。）

T　いいぞ、いいぞ、ずいぶんよくなった。では、一分間あげるから、暗唱できるようになりなさい。

S　（暗唱する。）

韃靼海峡はどこにある？

T　春、てふてふ、一匹、ときました。つぎは？

S　韃靼海峡。

T　このつながりはどうですか？

S　どこにある海峡なのかわからない。

T　そう。どこにあるんだろうね。海峡ってどんなとこ？　辞書で調べてごらん。

S　「陸地に挟まれて、幅が狭くなっている海」。

T　そう、そこをちょうちょうが一匹、渡っていったというんだ。では韃靼海峡を地図帳で見つけてごらん。

S　（しばらく地図帳をめくっているが見つからない。）

T　どのへんにありそうだと思う？　北のほう、南のほう、それともそのあいだ？　挙手してもらおうか。

（北二十人、中二人、南九人。）

T　では、教えましょう。（アジアの掛図をかけて）地図帳の北海道を開けなさい。

S　やっぱり。（うれしそうに顔を見あわせている。）

T　現在は、韃靼海峡とはよんでいません。間宮《まみや》海峡、あるいはタタール海峡と言えばわかるかな。

S　（まもなく）ああ、ここだ。（生徒のひとり、掛図で指しめす。）

T　そうね。いまはソ連領になっているサハリン、昔は樺太《からふと》とよんでいました。そこから大陸のほうに向かって、一匹のちょうちょうがこの海峡を渡っていった。それが「春」なんだ。作者と作品の説明をします。（詩集の顔写真を示して）この人です。なかなかいい男でしょう。

この人が安西冬衛。生まれたのが一八九八(明治三十一)年、そして一九六五(昭和四十)年に六十七歳で亡くなっています。安西さんは一九二〇(大正九)年、二十二歳のときから一九三四(昭和九)年までの十四年間、(地図で示して)中国東北部の当時、満州とよばれていた大連に、お父さんの仕事の関係で移り住みました。冬は零下何十度となる、寒さがとてもきびしいところです。この体験がこの詩を作るきっかけになったのでしょう。この詩は一九二九(昭和四)年の四月に発表されました。安西さんが三十一歳のときです。安西さんのはじめての詩集に載ったのです。はじめての詩集のことを処女詩集といいますが、こんな書名です。(『軍艦茉莉』と板書。)

S　グンカン……。

T　グンカンマリ、と読みます。変わった名前でしょう。この詩集のなかに「春」の詩が収められています。

では、あと五分ありますから、この詩をはじめて読んだ感想や意見や疑問などを箇条書きでいくつでも書きなさい。つぎからはそれをもとにしながら、この詩の奥深いところに迫ってみたいと思います。

(第二時終了。生徒の感想は、まとめて、次時に生徒に配布した。)

「韃靼海峡」のことばのもつイメージは?

T　まえの時間に、韃靼海峡のあるところを地図で見るまえに、北にありそうだと感じた人が多かったよね。二十人もいた。なぜそう感じたのだろう。ノートに書いて発表しなさい。(三分間で書かせる。）

S「韃靼ってなにか北にありそうな気がした。北にある海峡とか、海とか、鋭く強い名まえが多そうなのでそう思った」

T　名前が鋭く強い。鋭い意見だ。同じ見方をした人は？

S「韃靼海峡という響きが寒そうで固い感じがしたから」

S「韃靼という名まえが冷たそうな感じがする」

S「韃靼海峡というさみしい名から、寒いところにあると思った」

S「字の形が寒そうな感じがする」

T　おもしろい見方だな。むずかしくて画数も多い字だね。ほかの見方をしている人は？

S「北の、雪でとざされた国が、雪が少しとけてきて、ちょうちょうが飛んで、やっと春になったんだな、という風景が浮かんできた」

S「北のほうは春がくるのが遅い。ちょうちょうが飛んでいったから、もう春が来るのかな、と思いそう」

S「ちょうが飛んでいるのを詩にしたくらいだから、春が来るのが遅いところだと思った」

S「こんな寒いところにも春が来たんだ、という感じの詩だから」

T　寒いところにいるちょうだから詩になる。温かいところにちょうが飛んでいるのでは、あたりまえなのです。いままで出た意見をまとめたような考えをヨシエさんが書いています。

S「北海道にある地名など変わっているし、韃靼海峡も似たように変わっている名まえだから、北だと思った。春が、温かいところにきてもあまり感動がないけど、北にはある。この詩は北でしか書けないと思った」
T　ミホさんは？
S「海峡ときくと、北のほうをイメージするから」
T　じゃあ、きみたち、「海峡」と聞くとまっさきにどこを思いうかべますか。
S「（数人が）津軽海峡」
T　なぜ？
S「歌にある。『津軽海峡冬景色』」
T　ああ、それで海峡は北の寒いところだというイメージがあるんだ。海峡はもちろん南にもある。いろんな海峡があるけれど、すでにきみたちの頭のなかでは、海峡が北のイメージと結びついているんだ。歌の力ってたいしたもんだね。
S「てふてふが一匹というと、なんだかさびしそうな感じだから、北のほうがイメージにあうから」
S「『渡つて行つた』が、寒い北のほうから暖かい南のほうへちょうが飛んでいると思った」
S「寒いところを渡って暖かいところへ行くと思ったから、暖かいところへ行くときに、渡った韃靼海峡も暖かくなった」
T　ちょうが北から南のほうに向かって飛んでいくのじゃないかと思った人は？
（五名挙手。）
T　では、数人の人から出た、韃靼海峡ということばの響きをみんなで考えていこう。韃靼海峡は別名、何といった?

S 間宮海峡。

T なぜ?

S 間宮林蔵が発見したから。

T そう。また、タタール海峡ともいいます。(生徒の地図帳には、「間宮(タタール)海峡」と記してある。)「てふてふが一匹間宮海峡を渡つて行つた」、あるいは「てふてふが一匹タタール海峡を渡つて行つた」とせずに、「てふてふが一匹韃靼海峡を渡つて行つた」としたのはなぜでしょう。作者は、間宮海峡、タタール海峡ということばを知らなかったのかな?

S 知っていた。

T そうでしょうね。一流の詩人で知らないはずはない。彼はよく知っていた。知っていたからこそ、この「韃靼」のほうを使った。なぜ、安西さんは、間宮、タタールを使わずに、わざわざこのむずかしい字の韃靼海峡ということばを選んだのだろうか。間宮、タタールを選ばなかったのだろうか。これを考えてほしい。では、一度みんなで声に出して読みくらべてみよう。

T てふてふが一匹韃靼海峡を渡って行った。

S (斉読。)

T てふてふが一匹間宮海峡を渡って行った。

S (斉読。)

T てふてふが一匹タタール海峡を渡って行った。

（斉読。読みくらべが終わると、自分の考えをノートに書く。私はそれを板書する。）

T　みんなの意見が出そろったね。それでは、韃靼海峡について、みんなが共通してもつイメージをとりだしていこう。

S　力強い。

S　寂しい、かな。

T　マミヤ海峡、タタール海峡、ダッタン海峡。ダッタンは力強いね。

以下、「きびしい」「鋭い」「大きい」「迫力がある」「重い」「勢いがある」「寒い」「冷たい」……ということばがとりだされていく。そのつど、マミヤ、タタール、ダッタンと声に出させて、その響きを確かめながら、その意見の適切さを確認してゆく。

T　このような感じを受けるわけを音声から見てみましょう。

「tatâru（タタール）・dattan（ダッタン）・mamiya（マミヤ）」と板書。

T　このうち、ダッタンにしかない音は何？

S　小さな「ツ」。

T　そう、促音、つまる音ね。これが引きしまった鋭い感じを与えるのだね。それに対して、タタールは伸ばす音で、その正反対だね。なんか間が抜けています。まだないか？

S 「ダ」。

T そうだ。「ダ」と濁った音がある。タタール、マミヤと比べて響きはどうだ。いま、あげたどのイメージを出している？

S 重い。力強い。

T （「ン」をさして）はねる音、nで終わっているのもこのようなイメージを与えるのに、ひと役かっています。つぎに韃靼、この字の見た感じはどうですか。これを字面《じづら》といいます。

S 画数が多いからかっこいい。

S 字が詰まっている。

T そうね。間宮やタタールは字のあいだの風通しがいいね。韃靼のむずかしく詰まった漢字が、音だけでなく、見た目からもきびしく、引きしまった、中身がぎゅっと詰まった感じを読み手に与えるんだね。

S 韃靼海峡だと、すごいちょうちょうのように感じる。

S ちょうちょうが力強く見えてくる。

S 渡りにくい海峡、そこを一所懸命、渡った気がする。

T 韃靼海峡だと、すごいちょうちょうに思える。そんなきびしいところを渡っていくちょうちょうのすごさ、力強さ、一所懸命さが見えてくる。一匹のちょうちょうの渡り方、その姿が韃靼海峡の側から見えてくる。てふてふ＋韃靼海峡、これが何だ？

S　春。

T　そうだね。これが、てふてふ＋間宮、あるいはタタール海峡だったら、春にならないんです。てふてふについては、あとでくわしくやります。では、このへんでまとめます。

韃靼海峡のもつイメージは、力強い、きびしい、鋭い、大きい、迫力がある、重い、寒い、寂しい、冷たい、険しい、怖い、引きしまる、飾り気がない、インパクト（衝撃）がある、固い、勢いがある、昔風、男性的、荒々しい、ごつい、筋肉質、すごい、真冬、暗い、巨大。これだけのものが出てきました。韃靼海峡ということばはこんなに多くのものを包み込んでいる、あるいは背負っているんです。これらのことばは、いずれも題の「春」のイメージからみてどうですか。

S　みんな、あわない。反対のイメージ。

T　うん。そして、ここを、ひらがなの「てふてふ」が一匹渡っていくのです。

「てふてふ」のことばのもつイメージは？

T　では、つぎに問題にしたいことばは何だろう。

S　「てふてふ」だ。

T　そう。ちょうちょうを「てふてふ」と書いているところがいい、と感想で書いていた人もいました。「てふてふ」はどう書きあらわしてありますか？

S　ひらがな。

S　歴史的仮名づかい。

T　そう。むずかしい漢字の韃靼海峡とは対照的です。作者は、なぜ、ひらがなを使ったのでしょう。「蝶蝶」の漢字を知らなかったから？

S　（笑い。）ええっ。そがんこつなかばい。

T　それとも、辞書を引くのがめんどうだ、ひらがなで書いてうっちょけ、とやったのか。きみたちだって作文のとき、よくやるやろうもん。

S　（笑い。）

T　よく見くらべてごらん。

　A　てふてふ

　B　蝶蝶

　C　ちょうちょう

T　いずれも読みは、チョーチョーで、同じです。AとB・Cとをよく見くらべてごらん。「てふてふ」でなければならないんです。「てふてふ」だから詩になるのです。「蝶蝶」が飛んでいっても春にならないのです。なぜですか？　また、これは戦前の作だから歴史的仮名づかいですが、これればかりはCみたいに現代仮名づかいに直すとだいなしなんです。春でなくなるんです。漢字で「蝶蝶」とした場合とくらべて、「てふてふ」はどんな感じを受けますか？

（以下、展開は先の韃靼海峡と同じ。）

T　では、「てふてふ」についてみんなが共通してもったイメージをまとめていこう。

S　ふわふわ飛んでいるようで軽い感じ。

T　ふわふわからいこう。似たイメージのことばは？
S　軽い。やわらかい。綿《わた》のよう。雲。煙。
T　「綿のよう」とでた。綿って軽いこと以外にどんな性質がある？
S　やわらかい。暖かい。白い。
T　「暖かい」もたくさん書いてあるね。類似の語は？
S　ぬくもりがある。ぬくぬくとわずかに感じられるような暖かさが残る。
T　「弱々しい」も多いね。類義語は？
S　ひ弱。非力。頼りない。女性的。ふれるといまにも壊れそう。もろい。
T　そんなてふてふなら、見ている人はどうなる？
S　心配になる。
S　助けてやりたい気持ちになる。
S　守ってやりたくなる。
S　だれかが助けないと、いまにも死んでしまいそうな感じ。
T　こんな、弱々しく頼りないてふてふだから、こんな（板書した韃靼海峡のイメージを指ししめしながら）韃靼海峡を無事に渡れるのかと心配になる。助けてやりたくなる。しかし、それはできない。だから「渡つて行つた」となるんだけれど……。
S　韃靼海峡とくらべ、受ける印象が対照的だ。やわらかく、ぬくもりがあってかわいい。春という季節の性質と同じような印象を、このてふてふということばは表現しているようだ。

T　韃靼海峡とくらべて、受ける印象が対照的ということだが、韃靼海峡のイメージを表すことばと、てふてふのイメージを表すことばと、対義語の関係になってるものを探そう。

（以下、つぎの表にまとめたことばがあげられた。）

韃靼海峡	てふてふ
力強い	ひ弱・非力・弱々しい
きびしい	やさしい
鋭い	丸みがある
大きい	小さい
重い	軽い
固い・ごつごつ	やわらかい
寒い	暖かい
ごつい	かわいい
暗い	白
男性的	女性的

T　どうだ。ほとんどが対義語、あるいは対照的なことばどうしだ。私もこれほどみごとに反対だとは思わなかった。また、マキさんは「春という季節の性質と同じような印象を表現しているようだ」とも言ったが、これも確かめよう。最初にやったね。春の感じを表すことば。それを見てごらん。てふてふのイメージといくつ、同じことばがありますか。

S　やさしい。ぬくい（ぬくもり）。暖かい。ふわふわ。綿毛のように、弱々しくもろく、風に飛ばされそう。やわらかく、やさしい。春の象徴、春そのもの。

T　いいですね。

S　ゆっくり飛んでいるから、てふてふとつけた。

T　ちょうちょうはどんな飛び方をする？

S　こう飛ぶ（と指先でジグザグの上下運動をする）。

T　そう。ちょうちょうは、たとえば、ツバメみたいに一直線にすばやく飛べない。上にいったり、下にいったり、右にゆれ左にゆれして、ふらふらと頼りなげに飛ぶ（とジグザグの線を板書する）。そしてね、「てふてふ」なんですよ。見てね。て・ふ・て・ふ（と言いながら、両手でぎこちなく羽ばたくまねをする。笑い）。この「てふてふ」は、ちょうがゆっくりと、ぎこちなく羽を震わせる動作までを表しているとも感じられませんか。これが現代仮名づかいで「ちょうちょう」としたなら、この感じは出せません。

S　ひらがなで「てふてふ」と書いたほうが、漢字で「蝶蝶」と書くより弱々しい感じがして、あの、ただでさえ迫力のある韃靼海峡をさらに迫力のあるものとしている。

S　韃靼海峡は、いかにもてふてふを強調している。

T　たとえば、（ノートを開いて、壁に当てて）このノートの存在感はどうですか。（つぎにノートを黒板に当てて）今度はどうですか。ノートはどちらがめだちますか。

S　黒板のほう。

T　そう、黒板にのせたほうが、白いノートの存在ははっきりします。同時に、黒板の暗い濃い緑色もまたひきたつんです。おたがいがひきたつんです。韃靼海峡を飛んでいくてふてふ。韃靼海峡のこんな（といって板書したものを○で囲む）イメージが、てふてふを置くことによって、もっともっときびしさを増し、迫力を増してくるのです。また、ただでさえかよわく、不安げなてふてふのこんな（おなじく○で囲む）イメージも、韃靼海峡に置くとさらに強められます。それで、私たち読み手が、不安感や心配すらもつようにまでなるのです。てふてふの一所懸命さも、ひしひしと伝わってきます。一所懸命でないとこんな海峡、とても渡れませんよね。一たす一が二じゃなくて、四にも五にもなるんですよ。てふてふはこれだけのものを包み込んでいるのです。よく見てごらん。てふてふは韃靼海峡に負けていますか。

S　負けていない。

T　そうね。負けていない。韃靼海峡とまったく対等にわたりあっています。「てふてふ」だからできたのです。そして、「てふてふ」だから詩になったのです。さて、「てふてふ」と「韃靼海峡」をさらにまとめて包み込んでいるものは？「てふてふ」プラス「韃靼海峡」イコール？

S　春

T　いま、一たす一が三にも四にもなると言ったが、そう、これはたし算じゃない。春はふたつのものがただ混じりあった混合物じゃない。化合物だ。てふてふと韃靼海峡というまったく異質なものどうしがバチーンと火花を散らして、化学変化を起こして、そこから、私たちが見たことのないような、美しく、すばらしく、新しい物質、つまり春が生まれたんだ。

なぜ、てふてふは「一匹」でなくてはならないのか？

T　「韃靼海峡」と「てふてふ」の追究が終わったが、さて、つぎは何をやろうか。

S　「一匹」

S 「渡つて行つた」

T 一時間目の感想・疑問点のなかにこういうものがありました。「なぜ、てふてふはたった一匹で韃靼海峡を渡っていくんだろう。おおぜいで渡ったほうが楽しいのに」。これはメグミさんです。似たような疑問は多くの人から出されています。「ちょうちょうが一匹でよく海峡を渡れたなあ」。これはタツヤくんです。このような疑問をもった人は?

S (挙手数名)

T タツヒコくんがこう書いています。「もし、このとき、ちょうちょうが、一匹じゃなかったなら、この詩は書かれなかったかもしれない」と。「一匹」だから詩になったというのです。ミツオくんはこう書いています。「群れじゃなく、一匹というところに心を強く打たれました」と。一匹だから感動があり、詩になるんです。

「てふてふの群れが韃靼海峡を渡つて行つた。」

「てふてふが二匹韃靼海峡を渡つて行つた。」

これではダメなんです。では「一匹」から、何を感じますか。

S あまりにも早く生まれてしまったてふてふ。

S このてふてふは早く生まれすぎて、一匹で渡るしかなかった。

S 親の顔も知らず、ほかのてふてふよりも先に生まれたてふてふ。まだ完全に春ではなく、春になりかけている季節だったから。

S 春のはじめに生まれたばかりなので弱々しいから、上手には飛べない。

T　季節がわかるね。春になりかけている季節、春のはじめ、二字漢語で何という？

S　早春。

T　早春に生まれたばかりの一匹のちょうだから？

S　幼い子どもの旅立ち……。

（以下、略。）

T　では、まとめます。

季節は早春です。ひと足先に生まれたばかりのちょうが一匹います。まだ仲間のちょうはいない。一匹だけ早くさなぎからかえったのです。赤ちゃんですから、羽ももろくて弱くて、うまく飛べません。飛ぶのが精いっぱいです。孤独です。しかし、それがだれの助けも受けず、韃靼海峡というきびしく巨大な世界にたち向かっていくのです。幼い子どもの旅立ちです。広い海峡をぽつんと飛んでいます。強い風に流されそうです。頼りなげでいまにも海に落ちそうです。しかし、精いっぱい羽を震わせています。それを見る作者も読者も不安になります。心配しながらも応援するのです。

T　なぜ、「一匹」なのか、それがずいぶんあきらかになってきました。しかし、単語のレベルで追究しただけでは十分ではない。さらに、この「一匹」という単語の、詩全体のなかでの位置について考えてみたい。前後のことばとのつながりのなかで、どんな意味をもち、働いているだろう。ちょっと私が言っていることがむずかしいかな。わかりやすく質問します。

A　てふてふが一匹――。

これをこう変えます。

Ｂ　一匹のてふてふが——。

Ｓ　ＡとＢから受ける感じは同じでしょうか。読みくらべてみよう。

（ＡとＢを読む。）

Ｔ　作者はなぜ、「てふてふが一匹——」としたのだろうか。

Ｓ　Ａは一匹ということばが強く、Ｂはてふてふが強い。

Ｓ　Ａはひとりぼっちで、Ｂは団体で飛んでいて、そのなかの一匹。

Ｓ　どこにも仲間がいないで寂しく渡っていったのがＡ。Ｂは仲間がいるけど、仲間をおいて一匹で渡った。

Ｓ　Ａはいかにも一匹らしく孤独でポツンとしている。

Ｓ　Ａはあとからたくさんのてふてふが追っかけてこない感じがし、とても勇気のあるてふてふに思える。Ｂは、もう少したってからたくさんのてふてふが来るような感じがする。だから、仲間から一匹だけはぐれて飛んでいるような気がする。

Ｓ　Ａは、たくさんのさなぎはいたが、蝶になったのは一匹だけというように、ストーリーがたくさんできる。

Ｓ　Ｂは、大丈夫かなあという愛情が消えてしまう。ただのてふてふが海峡をパタパタと渡っているようで、おもしろくなくなってしまう。

Ｔ　みんな、とてもよく考えてくれた。きみたちの感じ方は正確です。きみたちがそう感じたわけを、私が文法の力を借りて説明しよう。文の成分に分けます。A・Bの述語は？
S　「渡つて行つた」。
T　A・Bの主語は？
S　「てふてふが」。
T　では「一匹」は何にあたる？
S　修飾語。
T　そう。では、どのことばを修飾する？
S　「てふてふ」。
T　ほんとう？
S　……。
T　では、ヒント。Aは「一匹」のあとに適当な助詞が入る。それは？
S　「で」。
T　そうしたらわからないかな。まず、Bのほうは何を修飾する？
S　「てふてふが」。
T　そう。「一匹の↓てふてふが」となる。Aはどうだ。
S　「渡つて行つた」。
T　そう。「一匹（で）↓渡つて行つた」のがA。Bは「一匹のてふてふ」なんです。まとめます。
Aは、こんな海峡を、こともあろうにたった一匹で渡っていったのだ。あとに続くちょうはいません。孤独なのです。「一匹」は数を示すだけでなく、その数のもつ意味、それがたいへんなことだということまで暗示しています。だから、てふてふが韃靼海峡にたち向かうとか、対決するとかいう感じも出てくるんだね。ストーリーができるのです。「ええっ、すごい！　ほんとう？　それからどうなったの？」ってね。みんな「てふてふはどうなったの。ほんとうに渡れたの」って書いてたじゃない。ドラマなんです。

それに対してBは、「一匹のてふてふが」、これはてふてふの数を示しただけです。このちょうは群れから離れた一匹です。いま、ここにたくさんのちょうがいるが、そのなかの一匹が海峡を渡っていったという意味になります。読み手は、ああそうですかで終わりです。平板で、事実を説明しただけです。

「渡つて行つた」の一語にこめられた意味は？

T　あと何が残っている？

S　「渡つて行つた」。

T　ハルミさんの感想に『「渡つて行つた」』とあるけど、私にとってはこの部分が春が訪れているように思えた」と書いてあります。なぜ、ここに春の訪れを感じたのか。ここから、てふてふの姿と、それを見ている作者の姿を考えていきたいと思います。

A　渡つて行つた

B　渡つて行く

C　渡つた

S　なぜ作者は「渡つて行つた」としたのだろう。「渡つて行つた」てふてふはどんな姿ですか。それを見ている作者はどんな姿ですか。B・Cとくらべて、その姿はどう違ってきますか。

T　いかにもてふてふが海峡を渡っていくのを、作者は見たと思う。

S　いかにも見た。作者はこの詩を頭のなかだけで作ったんじゃなく、じっさいにこの光景を見たというのだね。「渡つた」はどうだ？

S　もう渡りきっている。

S　渡りおえて、心配がなくなってしまう。

T　「渡つて行く」はどうだ？

S　渡る途中だけど、てふてふはまだ見えている。

T　「渡つて行つた」は？

S　渡る途中だけど、てふてふは見えなくなった。

S　てふてふが自分からどんどん離れていく。もう二度と戻ってこないような感じ。

S　てふてふが作者からどんどん離れていって、それを見る作者の背中が小さくなったような感じ。

T　てふてふは自分からどんどん遠ざかってゆく。そして、向こう岸に着けたかどうかは？

S　わからない。

S　作者の気持ちがてふてふにやさしい。

T　どうだ、このやさしい気持ちはなんだろうか。作者のどんな姿にそれが出ているのか考えよう。

S　てふてふの姿が見えなくなるまで立っていた。

T　てふてふが水平線の向こうに消えてしまうまで見ていた。そこまでわかるのだな。作者のやさしい気持ちは「見る」じゃものたりない。いま、どんなことばが出てきた？

S　見守る。

S　見とどける。

S　目を細めて見る。

S　見えなくなるまで見とどける。

S　必死のようすがじわじわ伝わる。

S　生きているか死んでいるかわからない。

S　もう、あと戻りできない。

T　てふてふのゆくさきは、向こう岸に着けるか、さもなくば、海に落ちるか、ふたつにひとつなんです。もうあと戻りできない。その決死の覚悟まで感じられませんか。あと、何人か言ってもらおう。

S　向こうの陸をめざしていく感じがする。

T　めざしていく。てふてふには目的地があったのだ。ただふらふらと風に乗って飛んでいったというんじゃない。よし、私は向こうの大陸へ行ってみせるぞ、という目的をもった意志のある行動なのだ、ということだね。

S　いま、行ったばかりの気がする。

T　いま、行ったばかり。ここでちょっと文法の勉強をしたい。文法と聞いたとたん、不安そうな顔になったね。「渡つて行つた」の「た」、これは助動詞です。辞典を引きなさい。

S　「A．たしかにある物事が実現したということを認める気持ちを表す助動詞。B．物事をすぎ去ったこととしていい表す助動詞」。

T　Aを完了、Bを過去の助動詞といいます。では、つぎの
・私は一九五七年に生まれた。
・ラーメンが煮えた。
はどちらが完了で、どちらが過去でしょう。

S　完了は「煮えた」。過去は、「生まれた」。

T　では、「渡つて行つた」は、詩を作った時点での作者から見ると、どちらだろう。

S　完了だ。

T　ヒデアキくんの、「いま行ったばかり」というのは、たったいま、てふてふの姿が水平線に消えたのです。さあ、ここで、ミツオくん、ヨウヘイくん、発表してくれ。

S　苦しくても韃靼海峡という距離の長いところを通って、てふてふが一人前になってくるようで、てふてふが見えなくなると春が始まるんだなあという感じがした。

S　作者は、「てふてふが渡つて行つた」ときに春を感じたと思う。

T　どうです。すばらしいでしょう。何が始まったの？

S　春。

T　つぎの三つの「た」の意味は？
・てふてふの姿が水平線に消えた。
・渡って行った。
・春が来た。
S　完了。
T　そう。三つとも、そのことが実現した、事実になったことを表す完了の「た」。では、そのことが実現した「とき」は三つとも……。
S　同じ。
T　そうだ。たとえば、一時二十五分にチャイムが鳴る。それは昼休みの終わりを示すと同時に、掃除の始まりも示している。てふてふの姿が水平線に吸い込まれて見えなくなった。同時に、韃靼海峡の、樺太の、北の国の遅く短い、ほんとうの春が始まるのです。水平線に消えたてふてふが春の始まりを告げたのです。こういう表現を象徴といいます。

それで、てふてふはどうなったか？

T　では、最後の課題です。作者もきみたちも、いちばん気がかりなこと、何ですか？
S　てふてふはどうなったか。
T　そう、水平線に消えていったてふてふの行く末ですね。途中で力尽きて海に落ちて死んでしまったと思う人。

S（挙手十一名。）
T 無事に海峡を渡ったと思う人。
S（挙手十四名。）
T あとの人は？
S やっぱり途中でひき返した。
T まあ、それぞれいろんな考え方があるけれど、てふてふは無事にたどり着けたかな、そう読み手が心配してくれれば、作者としてははしめたもの。このさきは、それぞれ読み手の想像にまかせてあるんですね。
荒々しい海峡を頼りなさそうに、しかし、きっぱりとした決意でたち向かっていったちょう、それが水平線に姿を消したところまでを描いた。それから先は各自の思いにまかせたんじゃなかろうか。はたして、てふてふの運命やいかに。それを自由にノートに書いて発表しなさい。
S「息絶えた。短い生涯だったが、てふてふは後悔していないと思う」
S「渡りきって、世界中の人に春を感じさせた」
S「なん度か死にそうになったが、新しい世界を見たいという気持ちでがんばって、目的地に着いた」
S「ある晴れた昼のことだった。寝ころんでいたら、そこにちょうのさなぎが、ちょうになろうとしているところを見た。だれもいない。ぼく一人しかいないところでこんな風景が見られるところがいい。ちょうにかえって、しわしわの羽をのばして飛んでいった。ちょうは向こうの広い世界に春を告げようと、歯を食いしばって必死に飛ぶ。ぼくは幼いちょうといっしょに飛んで、守ってやりたいと思った。ぼくの目は、ちょう一匹だけにあるのを、そのとき、感じた。ぶじにたどりついたちょうは、広い世界に春を告げたのだった」

S「渡って行けなくとも、作者は渡って行けたと信じていた」

S「韃靼海峡をぶじに渡り終え、疲れた体を花の上でいやし、みつを吸っている。または、渡り終えたが、体はすっかり弱りきってしまい、たどりついた大陸で死んでしまう」

S「まだまだなにがあるかわからない。これからきびしい旅が続く。もう、このまま向こう岸が見えないのでは？　と思いながら、てふてふは永遠に飛び続けた」

S「小さいながらも一所懸命がんばって、渡り切った。向こうのなかまに入って、みんなで楽しくやっているような気がする。でも、向こうでも孤独で、一匹で野原を飛び回っているのではないかなあと思った」

T　最後に、声に出して読もう。

（読みのあと、詩の感想と授業の感想を書かせる。）

安西冬衛の作詩パターンをつかみとる

春　　安西冬衛

鰊《にしん》が地下鉄道をくぐつて食卓に運ばれてくる。

T　安西冬衛の詩集『軍艦茉莉』(厚生閣書店)、じつはこの「春」のあとにもうひとつ、同じ「春」という題の一行詩がのっているんです。

S　ええっ。(びっくりした顔。)

T　今度は何が出てくるだろうね。(「春」「鰊が」と板書。)

S　サバ？　イワシ？

T　ある魚です。サバ、イワシではありません。ヒントを言います。春告鳥《はるつげどり》とは何のことだった？

S　うぐいす。

T　そう。春告鳥のうぐいすに対して、この魚は春告魚《はるつげうお》とよばれているんです。辞書で調べてごらん。

(春告魚は、ニシンであることがわかる。さらに、ニシンを調べる。)

T　数の子は別として、ニシンを見たり食べたりしたことのある人。

S　(挙手なし。)

T　だれもいない。そうね、こんなに魚のある小値賀でわざわざ北海道のニシンを食べることないよね。ニシンってどんな魚だろう。

S ……。

T じゃあ、小値賀でもたくさんとれる魚で、食用ばかりでなく、肥料にしたり油をとったりする魚がある。何だと思う？

S イワシ。

T そうね。ニシンは北のイワシと考えればいい。そしたらどんな魚？

S 安い。

S たくさんとれる。

T 多くの人びとがふつうに食べる安い魚だ。こういうものを○○的と漢語でいうが、何だ？

S 庶民的。

T 庶民的な魚というと、ほかに何がある？

S サバ。アジ。サンマ。アラカブ（カサゴ）……。

T そう。ただし、アジやアラカブは、いまでは高級魚の仲間入りをしているよ。「春」という題でニシン。このイメージのつながりはどうかな。

S いい。

T 納得できるかな。

S うん。

T いいね。自然だね。まえの、「春↓てふてふ」と同じだね。てふてふは春を代表する虫、ニシンも春を代表する魚です。
　では、このあとはどうだろう。

S　ニシンが一匹……。（とつぶやいている。期待十分である。）

T　（「地下鉄道を」と板書。しばらく待つ。）

S　ニシンが地下鉄道を泳いでいった、かな？

S　クール宅急便で運ぶのかな？

S　地下鉄道？　地下鉄のことか。

S　ベルトコンベアのことじゃなかつか（ないだろうか）。

T　地下鉄のことです。（つぎに、「くぐつて」と板書。しばらく待つ。）

S　くぐって……食べたかな？
　（板書にあわせて読み、つぶやいたり、隣の生徒と話したりしている。）

T　（「食卓に運ばれてくる」と板書して）はい、これだけです。
　「春　鰊が地下鉄道をくぐつて食卓に運ばれてくる。」

　（生徒たち、とたんに爆笑。みな、おもしろがって口ぐちにしゃべりだす。このあと音読し、暗唱させる。）

T　どうですか。

S　おもしろい。

T　どうだ。安西冬衛の詩のパターンが見えてこないか。ふたつの「春」の詩に共通する詩のパターンは何だろう。

S　まず、春らしいものをあげて、そのあとに春らしくないものをくっつけて、読む人をぎょっとさせる。

T　そうね。春らしいもの、春を代表するものと、意外なもの、まえのものとは正反対のイメージのものをとりあわせて、化学反応を起こさせてバチバチッと火花を散らせて、新しい光り輝く物質をつくりだす。いま、みんな笑ったでしょう。おもしろいと思ったそのとき、きみたちの頭のなかで化学反応が起きたのだ。ことばの火花が散ったのだ。

そこで私は安西さんを「ことばの錬金術師」と名づけたい。（錬金術の意味は各自、調べさせる。）

「鰊」の春と「てふてふ」の春をくらべる

T　ふたつの「春」をくらべていきながら、この鰊のほうの「春」のおもしろさと、表されている春の姿を考えていこう。共通点からいくよ。「鰊」に対応するものは？

S　てふてふ。

T　ともに春を代表する生きものです。「春」という題からまっすぐにつながります。つぎに、「地下鉄道」に対応するものは？

S　「韃靼海峡」。

T　では、「地下鉄道」と「韃靼海峡」の共通点は。

S　……。
S　「春」という題から、どちらもイメージが対照的。
T　そう。ともに春のイメージからかけ離れています。まだないかな。
S　場所を表している。
T　どういうこと？
S　てふてふや韃が通った場所のこと。
T　うん、ひとつはてふてふがどこを渡っていったのか、もうひとつは韃がどこをくぐってきたのか。「運ばれてくる」に対応するものは？
S　「渡つて行つた」。
T　共通点は？
S　……。
S　どちらも動いている。
T　移動しているんだね。てふてふが一匹の「一匹」に対応するものは？
S　ない。
T　ないけれど、どう考えられる？
S　たくさん。
S　とてもたくさん。何万匹も。
S　いや、何百万匹。

T　そしたら「食卓」に対応するものは？
S　向こう岸。大陸。ソ連。
T　こんどは違うところを考えていこう。てふてふと韃靼海峡は？
S　昆虫と魚。
S　食べられるものと食べられないもの。
S　一匹いるものと何百万匹もいるもの。
S　陸の生きものと海の生きもの。
S　生きているもの、生まれたばかりの命と、死んで冷凍されているもの。
T　地下鉄道と韃靼海峡は？
S　人間がつくったものと自然との違い。
T　人間がつくったもの、これを漢語でいうと？
S　人工。
T　場所でも、どう違う？
S　北の海峡・樺太と都会。
S　東京じゃなかかい。
T　そう、東京なんだ。地下鉄って、日本にできたのはいつか、知ってる？
S　……。
T　一九二七（昭和二）年十二月三十日のことなのです。上野―浅草間開通、二・二キロメートル。

S 『軍艦茉莉』が出版されたのはいつだったかな。

T 一九二九年四月。

S だから、この詩集刊行の一年ちょっとまえということになる。（ここで、講談社『昭和』第一巻、一九〇ページを見せながら）「地下鉄道開通――新しい都市交通の幕開け」、東洋唯一の地下鉄であり欧米の地下鉄をモデルにしていて、東京市民にとっては、すべてが新しずくめだった。だから、この詩が作られたときの人びとの地下鉄に対する人気はたいへんなものだった。めずらしくて、文明の最先端をいくものだったんだ。

地下鉄道というものは、いまの流行語でいうと、もっとも「ト〇〇〇〇」。何だ？

S トレンディ。

T そのとおり。いま、東京を代表するものといえば何だろう。

S ディズニーランド。国会議事堂。東京タワー。皇居。

T 地下鉄っていう人は、いないよね。でも、昭和四年当時、東京といえばまず地下鉄だったんじゃないかな。もっとも都会的で、文明都市・東京の象徴だったのだ。

それでは、まとめよう。韃靼海峡は自然そのもの。しかも北国の荒々しくきびしい自然。もっとも自然らしい自然だ。対する地下鉄道は、もっとも都市らしい都市、東京にある。しかも、もっとも人工的で時代の最先端をいくもの。まったく対照的だ。

作者はどこにいるの？　何をしているの？

S 「韃靼海峡」のほうは、岸に立って、てふてふをずっと見守っている。樺太にいる。「鰊」のほうは、東京の家でいすに座って、いや、あぐらかもしれん、食事をしている。
T　共通点は、ともに？
S　アンザイフユエ！
T　「渡って行った」と、「運ばれてくる」とはどう違う？
S　「渡って行った」は、自分からどんどん遠ざかってゆく。「運ばれてくる」は、自分に近づいてくる。
T　ニシンはどこから東京の食卓に来たの？
S　北海道。樺太。
T　ということは……？
S　ああ、てふてふがいたとこだ。
T　安西さんは樺太で韃靼海峡を渡って大陸へ行くてふてふを見送って、それから東京に戻って鰊を食べた!?
S　（笑い。）
T　ニシンという、北の海でとれたもっとも庶民的な魚と、もっとも都会的・人工的な地下鉄道のとりあわせが化学反応を起こして、何になった？
S　春。
T　じゃあ、ここでできた「春」と、てふてふと韃靼海峡とでできた「春」と同じか。
S　違う。

T　北国にやっと訪れた、遅く短い春。自然のなかの小さな命の誕生と旅立ち。それに対して、華やかな大都会のかげにひっそり住む庶民の家庭の質素でつつましい食卓に、遠い北国から運ばれてきた春なのです。

では、みんなでふたつの「春」を続けて読んでみよう。

S・T　（二回ずつ音読する。）

最後に、自分の「春」を書く

授業をとおして、生徒とは春という季節の豊かさの一端にふれた。春は桜が咲いて、菜の花畑にちょうちょうが飛んで、新学期が始まって……という、生徒が十三年間の生活で身につけた、日常的・常識的な連想の道すじ（固定観念）、それにこれらの詩をぶつけることで揺さぶりをかけたい。これらの詩を、かれらの精神の発達のための化学反応を起こさせる触媒としたい。そして、新たな目で、いま、自分をとりまき、自分が埋もれ、自分もその一部となっている、この地にしかない春の姿を見つけようとする気持ちにつながらないものか。それが、ひいては自分の生まれ育ったこの土地を深く見つめる態度につながることであり、土地への愛をはぐくむことである。この授業が、遠いところでもいい、その愛につながることを願う。

中学二年生は十三、十四歳の自意識過剰のむずかしい年ごろ。照れだってある。教室中が沸きかえるような状況はそんなにあるわけではない。むしろ、静かなトーンで淡々と流れてゆく時間がほとんどなのだ。しかし、それは無気力が支配するしらけた静かさではない。すぐれた文学作品と真正面から向きあえば、生徒は知的に静かに興奮する。

深い思考に子どもをいたらせるには、どうしてもあるまとまった時間の静寂と、そのなかで自分に向きあう作業が必要だと私は思っている。にぎやかで活発な授業、子どもが驚くほどノル授業もけっこう。しかし、私はそれをモデルにはしない。喧騒のなかでは哲学は生まれない。緊張感のみなぎった静寂こそ、知的生産性の高い時間ではなかろうか。

最後に、生徒に自分の「春」を書いてもらった。

「小値賀はいま、春です。そこにあなたの春を見つけなさい。そして、春という題で一行詩（短歌・俳句もすなわち一行詩です）を作りなさい」

ほこりをかぶった花瓶に輝きが見えた。
気がつくと私は「先輩」と呼ばれていた。
朝、父の蛸壺を削る音で目が覚めた。
朝、鶯が僕にささやいた。
学校から帰るとこたつがなくなっていた。
人々のあいさつの声が増えてきた朝。
海の香りが私の鼻をくすぐった。
猫が一匹、ほがらかな木の下で眠っている。

細い目を必死に開ける授業中
群れから離れた小鳥が大空を見上げている。
痛っ！　うにの針が指を刺した。
春来たる虫たちみんなお祭だ
ひじき採りいそげいそげと走る母
冷たさやひじきを刈りにつかる海
わかめ採り干したはいいが風で落ち
めずらしく夢多く見るのは春のせい？
春の波岩にも負けぬ力あり
ピーピー豆がふくらんでいた
町並みがぼやけて見えた。

（一九九一年）

＊——この授業をおこなうにあたって、麻生信子先生の著書『文学作品の主題のとらえ方』（明治図書出版）に、多くを学びました。

五行歌「ばらのアーチ」（田渕みさこ）を読む

✿ひとつの詩をいちばん素敵に読む［中学二年生］

「ばらのアーチ」との出会い

二年前の夏、こんな詩*に出会った。

ばらのアーチを
くぐってきたの
傷と
香りを
もらったの

田渕みさこ

「そうそう、こんな詩があるんだ……」。国語サークルの実践検討会の席上、話題が詩の指導におよんだとき、Nさんが教えてくれた。彼はみずからも五行歌を作り、「五行歌の会」の会員でもある。さらに友人は、二行目と五行目の語尾（すなわちともに終助詞「の」）を、上げて読むのと下げて読むのとでは、この詩の解釈にさまざまな違いが生まれることを話した。[**]

なるほど、声に出して読んでみるとじつに楽しい。考えうるだけの読み方をしてみると十指を超えた。この詩がもっている表現のあいまいさが、読者をさまざまな想像にいざなう。

終助詞「の」にどんな意味を与えるか、それは読み手にゆだねられている。むしろ作者は、多義的に読まれることをたくらんで作ったのではあるまいか。

この詩を中学二年生で授業しよう。教室に生徒の数だけの読みが生まれること、その読みの交歓をとおして、この詩を媒介にした学びの共同体に教室が再構成されることへの期待である。そうすると詩人のたくらみは、中学校の国語教室においてまんまと成功したことになる。

授業において私は、ふたつのことをめざした。

第一に、生徒がことばの意味と働きに敏感になること。一つひとつのことばに立ち止まりこだわりながら、そのうえで、一人ひとりが「自分」を起点にした伸びやかな想像を飛翔させ、この詩を読みひらくことである。

第二に、仲間の読みに耳を澄ましながら、自分の読みを対置させ、その差異から学びあいながら、読者としての佇立をすべての生徒が果たすことである。

読者の数だけの物語が内蔵されているこの詩から、一つひとつの物語をていねいに掘りおこす作業が、すなわちこの詩を「読む」ことなのではあるまいか。さまざまに読まれうるテキスト、唯一絶対の解釈などないテキストとの出会いは、生徒にとっては目から鱗が落ちる言語体験となるだろう。そして、この延長線上に、世界でもっとも短い定型詩、すなわち俳句の授業がおかれる。

生徒はすでに昨年十一月の単元「短歌の世界」で、短詩型文学になじみ、実際の創作もしている。この学習をつうじて、一語の力、そのかけがえのなさに気づいたのである。

この授業は、国語科教師Tさんの地道な授業づくりがあって可能となった。すべての生徒に言語表現の快楽を味わわせ、表現をためらわない態度を育て、文学テキストの読みに表現者として臨もうとする意欲を芽生えさせた彼女のていねいな仕事が補助線となっている。

＊＊＊

寒さがひとしおきびしかった一月十八日の朝、担任のOさんは黄色いばらの花束を校長室に生けてくれた。殺風景な部屋がたちまち暖かくなった。公開授業のこの日は多くの来校者があるだろうからとの、彼女のいつもの心づかいだった。奇《く》しくもきょうの授業にぴったりの花ではないか。もちろん彼女は、私が扱うこの詩のことは知らない。花瓶のばらは、鮮やかな光を放って部屋の一隅を照らしている。私はその数本を手に教室に向かった。

上がる「の」、下がる「の」

「いまから黒板に詩を書きます。あなたはどのように音読しますか」
「作者は、田渕みさこ。佐世保市に住んでいます」

「『ばらのアーチ』、見たことがありますか」

「I動植物園」という生徒の声。この授業の三か月前、十月におこなったスケッチ大会の場所はこの動植物園であった。かれらのなかには、園のシンボルともいうべき巨大なばらのアーチをくぐった者も少なくないのである。つるばらは、秋の穏やかな陽ざしのなかでまばらな花をつけていた。ひょっとしたら、詩人がくぐったばらのアーチもI動植物園のそれかもしれない。

たがいの声の響きを聞きとらせるために有効なのは、コの字型の座席配置である。

「向かいあっている人の声の響きを聞きながら音読しなさい」。生徒は音読を三回くり返した。他者の声、その差異に耳を澄ませながら、自分の声をはっきりと発するには、相当の注意深さが求められる。

この授業をした二年生三クラス中、二クラスで、それぞれ三、四人の生徒が上がり調子で、ほかの大多数が下がり調子で「の」を読んだ。

「聞こえたでしょう。自分の声とは違う響きが。それは、この詩の理解が違うからなんです。この詩をどう理解したか、それが音読に表れたのです」

公開授業をしたこのクラスだけ、全員が下がり調子で「の」を読んだ。（と、そのときの私には聞こえた。だが、生徒のそばで聞いていた参観者は、上がり調子で読んだひとりの生徒の存在を認めていた。圧倒的多数の下がり調子の響きに埋もれた声を、私は聞きとれなかったのである。）

「同じ響きということは、みんなが同じ解釈だということです。では、つぎにこの詩をこのように書きなおしてみます」

ばらのアーチをくぐってきたの。
傷と香りをもらったの。

このように二文に書きなおした詩を読ませると、生徒はやがて上がり調子と下がり調子の二通りに読める「の」の存在に気づいた。

ひらがな一文字のとてつもなく大きな力

国語辞典で、終助詞「の」の意味・用法を確かめさせた。グループで、たがいの辞典の語釈を読みあわせる。自分の辞典と友だちの辞典の語釈が違う。辞典ごとに微妙な説明の違いがある。このことに気づくことが、辞典を相対化する第一歩である。辞典が読者に示した語釈は唯一絶対ではない。すなわち辞典は不完全であり、その語釈はつねに留保つきで受けとめる必要があることを、中学生の時点でわからせたい。だから、複数の辞典を引いて、それぞれの語釈を比較し、いま自分が扱っていることば、個々の具体的な文脈のなかにおかれたことばにとって、よりふさわしい定義を見いだし、さらに進んで辞典の定義をふまえて、その文脈にもっともぴったりのオーダーメイドの定義を、生徒自身が編集する学習活動は、かれらの言語感覚を鋭くすることにまっすぐにつながってゆく。

「ひらがな一字のもっとも短いことばが、この詩のなかではとてつもなく大きな働きをしているんだ」

「複数の国語辞典を私が編集しました」と言って黒板に掲示する。

の　終助詞　主として女性語・幼児語

1　軽く断定することを表す。
「いいえ、ちがうの」「とてもいやなの」「もう、いいの」

2　（質問のしり上がりの音調で）相手に質問することを表す。
「何をするの」「さち子ちゃん、どうしたの」
「あなた、あしたの会にはいらっしゃるの」

3　（強い調子で）相手を問いつめたり、相手に要求したり、説得しようとすることを表す。
「いったいどうしたの、この散らかりようは？　もう、いいかげんにかたづけるの」
「あなたは心配しないで勉強だけしてればいいの」

「終助詞『の』の意味には、〈断定〉〈質問〉〈問いつめ・要求・説得〉の三つがあります。たった一字のことばでも、いや、たった一字だからこそ、それが場面の状況をがらりと変える働きがあるのです」

「ただし、きょうの学習では、この詩のなかの『の』を、〈断定〉と〈質問〉のふたつに限って考えてください」。〈問いつめ・要求・説得〉を加えると、読みは際限なく多様化し、一時間ではとても扱えそうにない。また、この意味で読まれることを、はたして詩人、というよりこの詩自身が願っているだろうか、という疑問がある。

ふたりの会話として読んでみる

課題
この詩は、少なくとも四通りの読み方（解釈）ができます。それはこの詩のなかの
①どのことばの働きによるのですか。そのことばの品詞名も調べなさい。
また、
②四通りの読み方を、それぞれの違いがわかるように、ことばや図によって説明しなさい。
さらに、四通りの読み方の違いを、
③音読によって表現しなさい。

四人グループで考えさせる。ワークシートはグループに一枚。それをぴったりくっつけた机のまんなかに置く。生徒は顔を寄せあって考えを出しあう。

グループは、速さや声の上げ下げを工夫しながら四通りの読み方を探究する。

これがわかったグループは、さかんに私を呼んで聞いてもらおうとする。私ひとりではまにあわない。参観している教師にも対応をお願いした。つぎにその解釈を示す。

◉解釈1

A「ばらのアーチをくぐってきたの。傷と香りをもらったの」

B「……」

Aが自分の経験を語り、Bはそれを聞くだけ。

◉解釈2

A「ばらのアーチをくぐってきたの」

B「傷と香りをもらったの?」

まずAが自分の経験を語り、それにBが問いをかぶせる。

◉解釈3

B「ばらのアーチをくぐってきたの?」

A「傷と香りをもらったの」

まずBが問い、Aが具体的に答える。

◉解釈4

B「ばらのアーチをくぐってきたの? 傷と香りをもらったの?」

A「……」

Bが問いを重ね、Aはそれを聞くだけ。

最初に気づいたグループのふたりに発表してもらった。ひとりは、〝ばらのアーチをくぐった人〟Aさん役。臨場感をもたせるために、手にはOさんが持ってきてくれたばらの花束を持たせ、頬に絆創膏を貼ってやる。もうひとりは〝Aの対話の相手〟Bさん役。「の」の意味が断定か質問か、はっきりわかるように強調して発声させた。

こうやって、Aさん、すなわち〝ばらのアーチをくぐった当事者〟の「の」はつねに〈断定〉。対する当事者の対話的他者Bさんの「の」はつねに、〈質問〉の意味が与えられていることを、教室の生徒全員が了解した。

「ばらのアーチ」をめぐる五つの物語

課題　想像して書きなさい。この詩をいちばん素敵に読める小さな物語を作りましょう。そのために、解釈1~4から、ひとつを選んでください。

◉A・Bは、それぞれだれですか。

◉どんな気持ちで話していますか。心のなかのつぶやきを書きなさい。


「つぎは、ジャンプの課題です。四通りの解釈のなかで、あなたがいちばん素敵に読めるものをひとつ選んで、小さな物語を作ってください。ここからは自分の想像の世界です」

「ばらのアーチをくぐった人、Aはだれでしょう。子ども、大人、男性、女性……」

「相手のBはだれで、どんな関係でしょう。友だち、親子、恋人、夫婦、生徒と先生……」
「そのことばを話しているときに、その人は心のなかで何を思っているのだろう。それを〈つぶやき〉というかたちで書きなさい。黙って聞いているほうも、何かを思っているよね。それも〈つぶやき〉で書いてごらん」

生徒は自分がいちばん素敵に読もうと、十分たらずで思い思いの小さな物語を書いた。作品は、授業の参観者ふたりに黒板のまえで声に出して読んでもらった。書いた生徒はふたりのそばで照れて立っていた。それでもうれしそうだった。

◉解釈1（エリコ）
A　花屋の常連さん
「バラのアーチをくぐったら、とてもよい香りがした。けれど、そのぶん、傷ができてしまった。あの人を思う時間とばらのアーチをくぐる時間は、とても似ていると思うの」
B　花屋の男の人
「ばらならぼくがあげるのに……。ぼくなら香りだけをあげるのに……」

◉解釈2（ユキオ）
A　たまたま会った女の子
「ああ、楽しかった。あ、よく見れば、あれってタカシじゃん。ばらのアーチのこと、話そうっと」

B　自分

「え？　ばらのアーチくぐってきたって、なんでオレに言うの？　でも、ここで応えなかったら寂しいし。それよりもけがしなかったのかなあ」

◉解釈3（ミツオ、ノリオ）

B　女性

「この人、顔に傷がついている。けれど、とても幸せそうな顔をしている。たぶん、美しいばらのアーチをくぐってきたんだ」

A　女性

「ばらのとげが刺さったけれど、とてもいいばらの香りだった。満開のばらのアーチをくぐれてとてもよかった。あなたもくぐってみたらいいのに」

◉

B　タクシードライバー

「この子は、ばらの香りがぷんぷんするなあ。ここから乗ってきたってことは、あのばらのアーチをくぐってきたんじゃないのかな」

A　幼い子ども

「ほっぺとおでこに傷をもらって、それからぼくの服にたっぷりとばらの香りがしみ込んでいるんだ」

◉解釈4（ミサト）

B　Aのおばあちゃん

「あれまあ。またこの子は……。どうしたのかしら。こんなに傷だらけになって……。手はうしろに回して、目に涙を浮かべてる。元気なのはいいことだけど、昔からケガばっかりして、おばあちゃんは心配だよ」

A　子ども

「なんだよ、おばあちゃん。元気じゃねえか。母さんが、おばあちゃんが倒れたって言ったから、近道してばらのアーチをくぐって、ついでにばらの花も摘みとってきたのに……。なんかオレひとりで勝手にめっちゃ心配してかっこわりぃじゃねえか。かっこ悪くてなにも言えねえよ」

ひとりの気づきをクラスみんなのものにする

最後に、こんな話をした。

「終助詞の『の』。たった一字のことばでも、三つの意味を担っています。この詩のように、文字で書かれただけでは、三つのうちのどの意味で読めばいいのか、読者にはわかりません。あいまいに書かれています。むしろ、こう言ったらいいでしょう。この『の』にどの意味を与えるのかは、作者が決めるのではなく、読み手にゆだねられている。あなたに任されているのです。そして、あなたが与えた意味は、あなたの『声色』『抑揚』『声量』『表情』によって表現される。作者は、読み手からさまざまに読まれることを、むしろたくらんでいる。ならばぼくら読み手は、作者のたくらみにまんまと乗ってあげましょうや。ここでは、『の』の意味のうち、断定と質問で四通り読みました。しかし、これ以上の読み方が、まだできるね。

『の』を〈問いつめ・要求・説得〉で読んでみようか。『おまえ、そのほっぺたの傷は何だ。また町でけんかしてきたな。まったくしようがないやつだ』――事情も聞かずに叱責する相手に向かって、必死で弁明するマコトくん。『信用してくれよ先生。ばらのアーチをくぐってきたの！　傷と香りをもらったの！』という読み方も、理屈ではできる。しかし、この物語は、この詩の世界を詩人になりかわってほんとうに伝えているだろうか。なによりもこの詩は、このように読まれて、喜ぶだろうか？」

「文学を素敵に読んで幸せになろうよ。われわれ読者は、その作品をいちばん素敵に読む権利を作者から負託されているんだ。そのためには一つひとつのことばに敏感になってこだわることだ。ひとりの気づきをクラスみんなのものにすることだ。われわれは学校がなければ『関係ない』他人どうしです。考えや感じ方が違う二十七人がなぜ二年一組という教室でいっしょに学ぶのか。私はこう読む。仲間はその読みに耳を傾ける。こんな読み方ができるのか、おもしろいなあ。このようにして自分の読みが豊かになる。それは、賢くなることです。賢くなることは、幸せになることです。

　ここに教室で学ぶことの意味があります。ひとりで読書するのではありません。教室のみんなが、ひとり残らず幸せになるために文学を読みあうのです」

（二〇〇九年）

*――『月刊五行歌　二〇〇〇年八月号』（五行歌の会）所収。

**――西史紀「声に出して読んでみよう」（『月刊五行歌　二〇〇〇年一〇月号』〈五行歌の会〉所収）参照。

***――辻尾紀子「短歌を通して仲間発見・自分発見」（『月刊国語教育』二〇〇八年一二月号所収）参照。新任一年目の実践。

詩集『ぼくは12歳』（岡真史）を読む

✿詩と対話し、自分の闇に語りかける［中学二年生］

「酒鬼薔薇」少年逮捕にフッウを装った私

一九九七年六月二十八日、土曜日の夜九時三十三分に始まった神戸・須磨警察の記者会見の映像に釘づけになりながら、私は嘔吐感に襲われていた。ひょっとしたら革命が起こっているのじゃないか。これは、維新変革や二・二六事件と同じような、一種の内戦なのだ。しかもこの戦いはとっくに始まっていて、大人たちがいままで気づいていなかっただけなのだ。それが今回、一少年のこのような行為のかたちをとってたまたま顕在化しただけなのだ。戦前の日本ならこの事件は戒厳令ものだ。全国の学校に在郷軍人や憲兵が配属されて、生徒の不穏な動きに監視の目を光らせるところだろう。――このような考え方はあまりに大げさだろうか。

だから月曜の朝が来るのが怖かった。行きたくないな。正直、そう思った。生徒に会ったときにまっさきにどう声をかけようか。思いあぐねた。

車を降りて玄関に向かって歩きながら、登校する生徒にどきどきしながら声をかけた。私はいつものように「おはよう」と呼びかける。生徒の明るい返事にほっとする。何の変哲もない、朝の学校の風景である。でも、返事の小さな生徒、返事が返ってこない生徒がやけに気になる。

全校朝会が始まった。命の尊さと思いやりの心を説く校長をまえに、生徒も教師も無表情で黙りこくったままである。六月最後の日の朝である。かっと照りつける朝日を頬に受けながら、生徒の顔はゆがんでいる。

このとき、生徒も教師も沈黙するよりほかにありようがなかったのであろうか。私も沈黙したひとりであった。おそらくこの沈黙のときが、「歴史的瞬間」だったのである。かつて羽仁五郎は若者たちにこう問いかけた。「八月十五日に君は何をしていたか」。時代の転換期に、おまえは何をしたか。ああ、私は何もしなかった。

この日、特別な「できごと」は何も起こらなかった。教師もあたりまえの授業をし、生徒も普通に授業を受ける。昼休みも男子生徒はサッカーに興じ、女子生徒はおしゃべりに夢中だ。でもこのフツウさが何か変だ。教務主任の私も、あいかわらずコンピュータのキーボードを打ちつづけ、教頭から回ってきた大量の文書に目を通し、印を押す。この際限ない雑務のすきをかいくぐって授業にいく。そして何事もなく、アタリマエの一日の仕事を終え、玄関を出たとき、外は真っ暗だった。このところ夕陽を見てないな。

そのあとに見たテレビでの佐藤学さんのことばに激しく打たれた。まさに私も「透明なひとり」

だったのだ。動揺を吐露せず、この事件をどう「分析」し、どんな「解釈」を生徒に披露しようか。そんなことばかり考えて、結局、私は何もしなかった。悲鳴や叫びでしか伝えられない身体言語を発すべきだったのだ。そしてこのことに気づいたときは遅かった。歴史的瞬間はすでに遠のいていた。

私は歴史的瞬間に立ち会いながら、何もしなかった。じつに分別くさい教師を演じていた、透明な私をもう一度見直し、私の実践を再構築する必要がある。そして自分の授業と、そこでの生徒とのかかわりのありかたを、人と人とがつながることの原点にかえって見直さなければならない。その「記念すべき」出発点として六月三十日がある。そのためにも、私は六月三十日、月曜の晴れた朝の「静かな」全校朝会の光景をけっして忘れまい。あのときに何も言えなかった透明な私を忘れないためにも。

このあとにいちだんとトーンを上げたマスコミの学校批判・教師批判。それに続く総理大臣の「心の教育」発言。

そこで思い出したのが、丸山真男《まるやままさお》が指摘した大正十二年末に起きた難波大助の摂政宮狙撃事件（虎ノ門事件）での、上は内閣総理大臣から、下はかつて難波大助を教えた小学校の訓導（教員）に至る「責任」のとり方である。「このような茫《ぼう》として果てしない責任の負い方、それをむしろ当然とする無形の社会的圧力」（丸山真男『日本の思想』）はいま、全国の教師に向けられているのではないだろうか。

「少年は特異な存在か」、投げかけられた問い

それにしてもスゴかった。予定調和のないあやうさに満ちた討論会だった。議論の最中に気分が悪くなる人まで出たほどの、極度の緊張に満ちた時間と空間があった。カビ臭い地下の一室で、なんだかスゴイことが自分の目のまえで起こっている。全国「ひと塾」での、初日の夜の討議のことだ。竹内常一さんの講義「神戸児童殺害事件の声明文を読み開く」のあと、北村年子さんの発言に端を発して、予定を変更しての深夜におよぶ熱い討議がくり広げられた。あの場に居あわせた百数十名全員が、この事件の「観客」でいる「私」に痛切な問いを投げかけた。

このえがたい数時間に自分が居あわせただけでも、私は日本の西の果てからこの長野県の車山《くるまやま》までやってきてよかったと思った。「ひと塾」の面目躍如たる、さまざまな発見に満ちた熱くて濃い時間を共有できた経験は、いまの私の仕事を深いところで支えている。

そのあと雑誌『ひと』十月号（一九九七年・小社刊）を読みおえた私はすぐ、物置の奥にしまい込んでいた大きな段ボール箱を引っぱりだした。このなかには一人ひとりの書き込みのある百四十部の詩集『ぼくは12歳』のプリントが入っているのである。

神戸の事件、全国「ひと塾」の体験、『ひと』十月号、とりわけ柴田保之論文「少年は特異な存在か」は、かつて生徒が綴った文章をもう一度、虚心坦懐に読みなおし、そこに表出されたかれらの心を読み解くことを私に強いた。

目のまえの生徒たちとの共通のことばを求めて

私は四時間という沈黙の時間を、中学二年生の生徒に強いた。この一年半前、一九九六年の三月。二年生最後の一週間だった。ものの一分も黙っておれないおしゃべり好きの、陽気な生徒がひしめきあうわがクラスばかりでなく、私が国語の授業を受けもつ四クラスの生徒全員にその沈黙を要求した。

「二年生の最後に、私はどうしてもきみたちに読んでほしい詩集があります。これまでの授業のように、一編の詩をたんねんに読むのではなく、一冊の詩集をまるごと読むのです」と言って、『ぼくは12歳』（筑摩書房）成立の事情を話した。

「黙って読みなさい。ただし、声には出さずとも、岡くんの発するメッセージに耳を澄まそう。そうして詩のなかの岡くんとおおいにおしゃべりをしなさい」。こう言って私は、B4判のわら半紙十五枚つづりにした詩集『ぼくは12歳』を生徒に配った。

それからの四時間というもの、生徒はひたすら書き込みをしながらページをめくってゆく。私もいっさいしゃべらない。いっしょにくり返し読む。ただそれだけの「授業」である。

ときどき顔を上げて、春のかすかな気配のある中庭の木々に目をやる生徒がいる。自分の木のたたずまいを見ているのであろうか。先日、授業「木になる」（本書I部所収）を終えたばかりである。向かいの音楽室から「巣立ちの歌」が聞こえてくる。卒業式も間近なのである。こうやって膨大な書き込みがなされた百四十人分、二千百枚のプリントが残された。そこで二年生の授業は終わった。

なぜこんなことをしたのか。かれらはほんとうに生きているだろうか、私とかれらとの共通のことばがあるのだろうか。——そんな疑問が、学年も終わるころになってまた膨らんできたのだった。入学以来、二年間をかれらとつきあってきたにもかかわらず。

そのきっかけは、ふたつある。

ひとつは、二月に私が担任をしている二年五組で起きたいじめだった。当事者は三人の男子生徒とひとりの女子生徒。文化祭ではあれだけ協力しあってすばらしい舞台をつくりあげた「仲間」だったのに。そして彼女はそのいちばんの牽引役でもあった。ちょっとしたことばのやりとりが感情のもつれを生み、それが複数の男子がひとりの女子を執拗にからかうという行為に発展していった。さいわいにこのことは、四人が土曜日の放課後に三時間以上も、担任ぬきで徹底的に話しあって、ひとまずの決着をみた。薄暗くなった教室に私が入ると、かれらはみな廊下にまで響くような声で談笑していた。

この問題がようやく解決した矢先、三月のはじめ、今度は別のクラスの女子生徒の体育館シューズにたわしが突っ込まれ、びしょびしょに濡らされて手洗い場に投げすてられてあった。教師たちはすぐに学年集会を開いた。

「ああ、またか。だれがするとやろうかね。先生、これは男じゃないと思うよ」。——体育館へ向かいながら、いかにもうんざりしたようすでコウタがつぶやく。

「この一年間、こんな問題で何度集会を開いたか……」。沈黙の生徒をまえに担任が怒りをあらわにする。

しかしいくら生徒に話しても通じない何かがある。話せば話すほど「自分のまわりに眼に見えぬ高い壁があって、そのなかに自分だけ取り残されたように、気がめいる」（魯迅『故郷』、竹内好訳、岩波書店）ばかりである。たとえば、水面に投げ込まれた小石が、水音ひとつたてず、波紋もたてずに暗い水中に飲み込まれていくような不気味さ。

岡くんの遺したことばをとおして心の闇と対話する

かれらは、一九九六年に上梓した拙著『コンピューター綴り方教室』に登場する生徒たちである。コンピュータを表現の道具として自由自在に使いこなしながら、輝かしい表現活動をしてきた生徒たちである。とくに私が受けもった二年五組は、まさに多士済々《たしせいせい》、すばらしい個性と命のかたまりがひしめきあっていた。エネルギーに満ちあふれたかれらは、文化祭で、劇『アンネの日記』の上演を成功させた。

にもかかわらず、（いや、それゆえにこそ、と言うべきか）いじめがしばしばあった。いま主流の、「友だち以外はみな風景」的な仲間はずしや無視ではなく、悪口やからかいがあった。用心すべきは、一見、「明るい」学級だ。「活気あふれる」学級こそ危ないのだ。その明るさにノレないクライやつは、その明るさ、ニギヤカサ、ノリのよさに水を差す存在としてうとんじられる。「あいつがいるとシラケル」のだ。「アイツサエイナケレバ、コノクラスハモットタノシイ」。

社会科の先生がしばしばおこなってきたディベートの授業で、二年五組はいつもものすごく盛りあがるので評判だった。口角泡を飛ばして討論を展開するのである。しかし、ほんとうにこれでいいのか。ひょっとしたら明るさが上滑りして、一人ひとりが真に自分の経験や内面を見つめることが少なかったのではないか。

生徒へのアプローチの仕方を変えなくちゃならない。講話？　説教？　叱責？　懲罰？――いずれもかれらはますます身体と心を閉ざすだろう。話しあい？　仲間づくり？　行事？――これまで学年あげて本気で取り組んできたじゃないか。それでもこのザマだ。

私ができることは何か。やはり書かせることしかない。書くことの原点にたち返り、書くことをとおして自分を見つめることしかない。

では、何をどのように書かせるのか。そこで私はかれらに詩を読ませたいと思った。そして、詩のことばを、自分の内面をひらき自分を語るための、すなわち自己表出のための「触媒」にしようと考えた。

まず選んだのが吉野《よしの》弘《ひろし》の「夕焼け」。「やさしい心の持主は／いつでもどこでも／われにもあらず受難者となる。／何故って／やさしい心の持主は／他人のつらさを自分のつらさのように／感じるから。」――他者を風景としてしか見ない精神のありようからもっとも遠いところに存在するこの詩のことばと、生徒たちがどこまで「和解」できるのか。「この詩のなかの『娘』にあてて手紙を書きなさい」という課題を与えた。

つぎに選んだのが、岡真史《おかまさふみ》の詩集『ぼくは12歳』だった。

この授業に先だつ三年前、私は真史くんの父上、高《コ》史明《サミョン》氏の話を、佐世保のとある寺の本堂で聞いたことがある。若いころ読んだ、氏の『生きることの意味』（筑摩書房）に打たれた私は、いまは文庫本で出ているその名著を携えて本堂に足を運んだ。親鸞と歎異抄の話だった。話の冒頭で氏は、この日の夕方、寺の住職に連れられて、五島列島を望むH岳の山頂で見たという西海の彼方に沈む夕陽を語った。「日輪の命をいただいて、私はいまここにいる」ということばで始まった、その話の詳細はもう覚えてはいない。ただ、薄暗い本堂のなかで、淡々と親鸞を語り、息子を語り、生かされている自分を語るとき、ことばの端ばしににじみ出る底なしの悲しみにふれて、厳粛な気持ちになったことだけはよく覚えている。

一度なりとも自我の危機を経験し、心の傷をもつ者は真史くんとの対話者になれる。テーマ「戦争と平和」のもと、文化祭で劇『アンネの日記』の上演、「ナガサキ原爆七万五千人の顔」の取り組みを経てきた生徒たちである。人間の生と死についていくばくかの認識の深化をとげてきたかれらに読ませたいのが『ぼくは12歳』だ。

私はこの詩集のいく編かを読むたびに、「無情迅速」の詞書《ことばがき》のある芭蕉の句を思い出して胸が熱くなる。すなわち「やがて死ぬけしきは見えず蝉の声」。だから岡くんとの対話は、じつはわれわれの生の内実を問う試みでもある。自分が生きている生の基盤のあやうさに気づき、ほんとうに生きることとは何かを自分に問いかけることでもあるのだ。岡くんの詩を読むことをとおして、死を読み、生を読んでいる。

それにしても岡くんの詩は不思議に満ちている。なぜ死ななくてはならなかったのか。この問いに対する明確な答えを、この詩集から導きだそうとしても容易ではない。そうすればかえってこの詩集はいっそう謎めいてくる。このような岡くんの詩の「わからなさ」は、この詩集に共感を表明する少年少女にとって、すなわち自分自身の「わからなさ」でもあるのではないか。岡くんとの対話をとおして、死と隣あわせにいる私たちに気づき、アンビヴァレントな自我にも気づく。

死者の残した必死のことばをとおして、じつは自分の心の闇と対話している。どうしても解けない謎と向きあっている。この詩はわからないけれど、「わかる」。この死はわかる。ここから『ぼくは12歳』は、自分探しのまっただなかにいる少年少女たちにとってのナビゲーターの役割を果たしてくれるだろう。

叫びとなって噴きだした、いらだちやくやしさへの共感

これから私は、生徒が発した一次情報の紹介者になる。『ぼくは12歳』を触媒に紡ぎだした生徒自身の膨大なテキストのなかから、三つの詩についての書き込みを選びだした。そこで私が知りえた範囲でのかれらの生活史をあとづけながら、かれらの内面の「解読」を試みたい。

オレたち

ビートルズもむなしい
ローリングストーンズもはかない
カーペンターズもタイガースも
そしておれたちも……

リーゼントにしたって
パンタロンはいたって
GT750をぶっとばしても
なんか本当につかめねえ
スカッとしねえ……
オレたちの
もとめているものとは
いったい（後略）

★「だまっていられねえ時がある／うおおおーって／さけびたい時がある」――自分もなんかそういう時があって、本当にそうだと思う。だまっていられなくて叫びたい時は、やりたいことがやれない時だと思う。じっとしているのが青春を使い果たしていないと言っているのがわかる気がする。でも、やりたいことがやれても、叫びたい時があると思う。そういうのはぜいたくだけど、まだ何かやりたい。いろんな事にチャレンジするのがいいと思う。やりたくなくてもやってみる。そしたらその中で、やりたい事を見つけることができると感じた。「つまり世界で／一ばんそんけいしてんのは／『オレ』だ……」。自分が頭悪くても自分については自分が一番よく知っている。その点では自分は誰よりもいいと思う。――ヒロキ

★だまっていられねえ時はだまるなよ。自分の道を走れよ。自分がいちばん好きな奴は自分なんだ

からよ！——ケンサク

★それはそれでいいんじゃねえか。お前がそれで納得できるなら。——カズアキ

★「スカッとしねえ」。僕にも何をやってもスカッとしない事がある。そういう時、たまに思いっきりケンカをしたいと思うときもある。レフリーなしでなぐり合いのケンカを……。それでも、スカッとしないかもしれない。求めている〝もの〟がわからないからなのかもしれない。「やりたいときに／やりたいことをやるぜ」——そう言えば最近は自分のしたいことをしていないような気がする。その〝やりたいこと〟を見失った時に〝スカッとしない〟んだ。人間は自分のしたいことがなくなったらいけないんだ。——タダシ

タダシは善良を絵に描いたような少年である。他人に気をつかい、よく働き、勉強にも部活動にも熱心だ。その人のよさをいいことに彼に仕事を押しつけて平気でいる者もいた。同級生が一度、理由もなしに彼の腹部をけったことがある。痛む腹を押さえながら、タダシは顔を真っ赤にして唇をゆがめていた。保健室に連れられてきたとき、養護の先生は彼を介抱しながら「くやしかろ」と慰めた。彼は「はい」と言って涙を流した。

人間への懐疑派と肯定派、ふたつに分かれる読み

人間

人間ってみんな百面相だ

この詩にもっとも多くの書き込みがあった。かれらがもっとも鋭敏に反応した詩だ。他者への懐疑を根底に抱きながら、状況に応じてそれぞれの「自分」を演じながら生きている人間。それを十二歳の少年のたった一行の叫びが教えてくれた。

この詩の続きを「だから」を使って書いてみると、二通りの展開になる。「これだから人間信じらんねえんだよ。――ケンサク」というマイナス思考派と、「そうなのよ。人間誰だって怒ったり、笑ったり、泣いたり、叫んだりいろいろあるのよ。だから本当のキチンとした人間なんてきっと生きていて全然楽しくないと思うよ。だから人間はいろいろな顔を持ってたほうがいいんだよ。――アサミ」というプラス思考派に。百面相を積極的に肯定して、世紀末をしたたかにかつ軽やかに生きる知恵をアサミはもっている。

岡くんは前者だったのだろうか。

★一人一つの顔（性格）を持っているよりも、たくさんの顔を持っている方が、人とつき合うのが

楽しく思える。――カオリ

★心の中を探ってみれば、百面相の中の百面相を見つけることができるぜ。――ヒロアキ

★たしかに人間は百面相でも千面相でもある。でも一面相でもあるんだ。――コウタ

★家族での、学校での、一人の時での、たしかに人間にはその人にしかわからない顔がある。――マサオ

★誰かに裏切られた時の詩だろう。私も思う。人は時たま平気でうそでも裏切りでもやる。でも、それとともに笑顔でつらいこともしたり、素直に泣いたりもする。岡君はそんな人間が好きかどうかはわからない。けど、私はそんな人間が好きです。――マチコ

詩の内在的理解という点で、私はマチコの語りかけに惹かれた。彼女の語り口はほかの詩の書き込みにおいても共感とやさしさ、すなわち癒しの力に満ちている。それはこの詩の書き込みとときを同じくして書かれたつぎの文章にみる、彼女の精神形成史と無関係ではないだろう。

がんばれ

私の祖父は、町内でも有名な頑固者だった。小さい頃はガキ大将だった。そんな祖父も病気で入退院をくり返していた。(中略)

その時、病室には祖母と私しかいなかった。突然祖父が手をバタバタ動かして祖母を呼

んだ。書くものを持って来い、と言っているらしい。祖母はあわててその場にあったペンとダンボール紙を持ってきた。祖父はゴボウのような細い腕にペンを持って、祖母が支えているダンボール紙に字を書き始めた。私は何を書いているのか全然わからない。でも、とても大事な事を書こうとしているのは、なんとなくわかった。だって、あの痛いのが大嫌いな祖父が、苦しみに顔をゆがめながら書いているのだ。祖父は、一度書いた線を何度も何度もなぞっている。私は、おじいちゃんもうやめて、と叫びたくなった。

しばらくして祖父がやっとペンを置いた。そこにはブルブル震えた字で、ひとこと「がんばれ」と書いてあった。私の心臓を突き刺すような字だった。

それから三日後、祖父は亡くなった。あの「がんばれ」の言葉は、私だけに向けられたものではないかもしれない。あれから私はいろんな人たちからこの言葉で励まされた。でもあの祖父の「がんばれ」には勝てない。

詩からひきだされる自己表出と表現

★岡君の詩は全部すごく悲しい。この人はよく考える人で、すごく一人だったのだ。それは大切なことだけど、みんなと自分がいて、結局みんな一人ぽっちだというのが悲しかったんだと思う。生まれる前は、周りの人たちと全くばらばら、別のとこにいた。また、死ぬと、他の全然知らない人のところに生まれ変わるだろう。そしたらやっぱりその人たちを好きになる。また別れる。

そういうことを考えている私はやっぱり一人だった。（中略）こうして考えた事も、死んだあなたとは違う。みんなが一〇、〇〇〇、〇〇〇……分の一人。——マサコ

彼女のプリントにはどのページをめくっても、一編ごとにこのような書き込みがなされていた。彼女の思考は奔流となってジグザグに流れながら、表現の一歩手前、すなわち意識の表出の姿を私に見せてくれる。教室では「群れ」をつくらない稀有な女子生徒のひとりである彼女は、きわめて内向的。だから、書くことは生きることとほとんど同義なのだろう。このとき、彼女のフロッピーディスクには四百字詰め原稿用紙で三五十枚分の量のさまざまな表出の集積が、プリミティヴな状態で内蔵されていた。地下深く眠る鉱脈のように。

ぼくはうちゅう人だ

ぼくは
うちゅう人だ
また
土のそこから
じかんの
ながれにそって

ぼくを
よぶこえがする

★「土のそこから……ぼくをよぶこえがする」が何かギクッとした。——マサオ

★世の中、自分一人が違うと思うときがある。そんな時自分が宇宙人にも思えるかもしれない。自分はなぜ生まれてきたのだろう、とか思ったりする。世の中で自分一人だけが違う、そう誰でも思っているかもしれない。僕は思う。自分の、人間としての最終目的はいったいなんだろう。動物はなぜ子孫を残すのに命をかけるのか。何もわからない。自分はいろいろわかっているようで何も知らないのかもしれない。ときどき、自分だけの記憶がある。みんなと違う記憶があったりする。もしかしたら、みんな一つの宇宙を流れるふわふわへろへろしたものかもしれないと思う。そしたらみんな誰でも宇宙人だ。人間は宇宙人を未知の生物だと思っているけれど、もしかしたらそれは自分のことかもしれない。——ヒロキ

「ふわふわへろへろ」——まさしく私たちはそうなのだ。このことばほどわれわれの存在感の希薄さ、頼りなさを表現しえたものはない。われわれは宇宙を流されながら、喜び、悲しみ、怒り、そしてときにいじめもやるふわふわへろへろとした存在なのだろう。授業中はじっと私の話に耳を傾けているだけのいたって物静かな、同級生からはいっぷう変わったヤツと見られている彼は、じつはこの詩から人間存在の根元的な問いをひきだしたすごいヤツだ。そのことを同級生はだれも知ら

ない。

授業においていかに深く生徒とかかわるか。私はこれからもいっそうこの課題を追求していこうと思う。授業改善——教師がこの仕事から逃げたらいったい何が残るだろうか。

私の実践の主題は、この事件でいささかも変わってはいない。いや、ますます私は自己表出の実践に邁進したい。これからも私は自己表出を授業の主題に据え、生徒の一語のため息、一行のつぶやきをますます大切にし、日本の教師が営々として築きあげてきた綴り方・作文教育の伝統に学びながら、人やモノや経験とのつながりを大事にした「表出」の授業を一時間でも多く設計し、実践していきたいと念願している。

（一九九八年）

俳句「三月の甘納豆」（坪内稔典）を読む

✿俳句を俳句らしく授業する［中学三年生］

授業はブーイングから始まった

　職員室の暦がめくられて、きょうから三月。この日、私はひとつの俳句をたずさえて教室に向かった。「三月の甘納豆のうふふふふ」（坪内稔典）である。

公立高校入試が十日後に迫り、教室には緊張の色が濃い。教室に入った私など眼中にない生徒は、それぞれに問題集を広げて一心不乱の気合いである。ここ一週間、入試科目五教科の授業はプリント漬けである。問題を解き、解答を受けとり、自己採点する学習者丸投げの（？）授業に生徒はうんざりしているのである。本番で一点でも多くとりたいがためこの苦役に耐えてはいるものの、「先生、もうたまらん」と訴えるその眼に私は心痛むのである。これでは対話もない出来事もない発見もない絆もない物語の生まれようもない逆巻くことも淀むこともない、いわばないないづくしののっぺらぼうの時間がさらさらと流れていくばかりである。三年間、生徒たちといろんな授業をつくってきた。その国語教室をプリント学習で終わらせていいものか。

「きょうは作文の授業をします」

「えーっ」。とたんに盛大なブーイングが弾ける。予想どおりである。私はこの殺し文句がうれしい。この拒絶のことばは、一日の多くの時間をプリント学習に囲い込まれ、いまや関係性の希薄になった他者どうしがすでに共通の「闘争目標」でつながっていることの表明だ。

最後の五文字に教室が沸く

つぎは生徒と教材とをどのように出会わせるのか。教師は、生徒と教材とを媒介する役割を演じる。とりわけ今回は、生徒と句との最初の出会いがその後の展開に決定的な影響を与えるだけに、時間をかけてていねいにやる。

「これから、ある俳句を黒板に書きます。作者は坪内稔典。ネンテンと読みます。本名はトシノリですが、ネンテンと読むと俳人に変身します。仲間はあの腸ネンテンが……と呼ぶのだそうです」

「三月の」と板書する。

「きょうから三月。それでこの授業にふさわしい俳句を選んできました」

「つぎにどんなことばを続けますか」

「……」。反応はない。

「ある食べものが来るのです」

「いちご、桃……」

「お菓子なんです」

「桜餅……」

「甘納豆、です」

「私、きのう食べた」、メグミが言う。

「〈三月の甘納豆〉の続きは〈の〉。さて、結句はどう出るかな」

「おいしいな」

「いや。おいしさよ」

「三月の甘納豆のおいしさよ。うん、いいね」

「チョベリバー」（笑）

「チョベリグー」（笑――当時、このことばがやたらはやっていた）……と出るわ出るわ。

「先生、じらさずに早く教えて」

「〈うふふふ〉です」

「ええ？」

「三月の　甘納豆の　うふふふふ」。間をとりながらゆっくり読んだ。

教室がどっと沸いた。

「なに、これ」「うそでしょう」「ばかみたい」――ヤジと笑いが収まるのを待って私は続けた。

名句？ それとも駄句？

「小林恭二《こばやしきょうじ》という俳人がこんなことを書いています」

「坪内稔典の一般的イメージはふたつあると思う。ひとつは物堅い評論家としてのイメージ。（中略）もうひとつはとんでもない俳句を書く人というイメージ。かつてこんな連作俳句を延々と書いてブツギをかもしたことがある。（中略）中でも有名（？）だったのは……『三月の甘納豆のうふふふふ』で、わたしも見た一瞬目が点になった覚えがある。（中略）こういう句は読みがどうのこうの、深さがどうのこうのという句ではない。はっきり言えば、まず評価ありきの句で、それが定まらない限り逆説的に聞こえるかもしれないが、読みようもないのだ」（小林恭二『俳句という遊び』岩波新書、一八二一〜一八四ページ）

「つまり、この句は物議を醸した。物議を醸す、ってどんな意味？」

「物議＝道義・通念からはずれているという、有識者から出された抑えがたい批評・論議」（『新明解国語辞典』）

「つまりこの句は俳句の通念、つまり俳句というものはこれこれこういうものであるという一般的に認められている考えからはずれていると、有識者、ここでは俳句の指導的地位にある人たちの論議をひきおこした、というのだ。具体的にどのような論議なのだろう」

「これは俳句じゃない？」

「そう。だから、この句がいい句かつまらない句かをまず評価することが先決だ、具体的な読みはそれからあとについてくるのだ、と小林さんは言うのです」

「そこで、課題です。この句を高く評価する人と、ぜんぜん評価しない人に分かれている。あなたはどう思うか。名句、駄句、いずれかの立場にたってこの句を論じなさい。どこが、なぜ、どうよいのか（つまらないのか）を、根拠を示して書きなさい」

「この句について基本的なことを押さえておきます」

「まず〈三月〉です。これが季語ですね。三月とはどんな月ですか。この月について自分なりのイメージをもっておきなさい」

「つぎに〈三月の〉の〈の〉です。品詞は？」

「助詞」

「辞書を引きなさい」

「の」格助詞

① あとに来る言葉の内容や状態・性質などについて限定を加えることを表わす。

② あとに来る動作・状態の主体であることを表わす。

（③〜⑥省略）

（『新明解国語辞典』）

「ここでの〈の〉はどれ？」

「①」。これはすんなりと出た。

「辞書の例文に〈文学部の学生〉とある。文学部の学生がいるなら、工学部の、法学部の、経済学部の、医学部のと、ほかにもいろんな学部の学生がいることが推測できる。だから〈三月の甘納豆〉の背後には、十二か月の甘納豆の存在可能性があるのだ。事実、作者は一月から十二月まで一連の甘納豆の句を作っている。これについては、授業の最後に紹介しよう」

「そして〈甘納豆の〉の〈の〉です。どれ？」

「②？」

「①？」。生徒は迷う。

「②なら〈うふふふ〉の主体は〈甘納豆〉だ。甘納豆がうふふふと笑う」

「①ならどう？　作者が甘納豆を食べて『うふふふ』と笑っているのか？」

「私もよくわからない。①か②か、にわかに判定しがたいところである。この〈の〉をどうとるのか。この俳句がさまざまに読めることの核心がここにある。ここを〈甘納豆に〉としたら〈うふふふ〉の主体は人間、〈甘納豆が〉なら甘納豆が主語であることが明解だが、作者はそうはしなかった。あえて意味を明瞭に伝えることを避けた」

「最後に、〈うふふふ〉です。これはどんな気分なの？」とつぎのように構造化した。

三月の甘納豆のうふふふふ

「三月の甘納豆の」と「うふふふふ」の拮抗があきらかである。しかし、これで謎が解けたわけではない。文法上の構造化によって、かえって句の謎は焦点化されくっきりとした輪郭を得た。「三月の甘納豆」と「うふふふふ」とをつなぐ「の」に謎の核心があるのだ。

句の語彙的・文法的分析はここまで。これから先は読み手の感性にゆだねよう。

「一学期の俳句の授業では、俳句データベースからお気に入りの一句と出会って、その鑑賞文を書いた。そのときに言ったね。俳句は理解するのではなく和解するものなのだ、と。その句といかにして仲よしになるか。あのときの課題は六百九十句のなかで自分が和解した一句を語ることだった。今回はいまあるこの句と和解できるのか、あるいはできないのか。友好条約の条文か、それとも条約破棄の宣言か。このいずれかを書くことが課題になる」

こうして書かれた三クラス・百編の作文に驚いた。名句派が四十九人。対する駄句派は五十一人。両者は数のうえでも拮抗したのである。

つぎに挙げるのは、この句との和解を果たそうと困惑しつつも真剣に取り組んだ記録である。

「意味のわからなさ」を噛みしめる

三月のチーズケーキに夢ごこち　　タカコ

「先生。タカコさんの俳句のほうがずっといいよ」
「うん。うん。こっちがずっといい」

タカコのいるグループの生徒は共感しきりである。彼女は甘納豆の句に触発されて即座にこの句を作ったのだという。

生徒はたがいの作品をグループで読みあいながら、感想を書いてゆく。やがていくつものコメントが記されて自分の作品が手元に戻ってくる。グループで語らいが生まれる。私もグループをまわりながら、それぞれの語りの輪のなかに入れてもらう。ひとつの評価を代表している作品を学級に紹介しながら、生徒のことばをひきだしてゆく。

ミズエはいつも率直な発言をする。彼女は駄句派の急先鋒。その激しい拒絶のことばは、賛否両論を触発した。

★これは駄句だ。俳句はいつも意味がわからない。でもどこかでつながりがあるようにできている。しかしこの句は意味がわからない。きっと自分でもわかっていないはずだ。こんな句が有名なのは、句がいいからではなく、坪内稔典が作ったからすばらしいと思われてるだけだ。私が作っていたらきっと「わけわかめ」とか言われてアホあつかいされるだけだ。名前を知られているから何を書いてもすばらしく思われているのだ。みんなだまされている。目を覚まして聞いてみて。「うふふふ」だなんて、ふぬけたぶりっこの女の声だ。「三月」も「甘納豆」も「うふふふ」と関係ない。あっても私にはまったくわからない。——ミズエ

「簡単に言うと、おまえはアホだ」。同じグループのショウゴはミズエにずいぶんと手きびしい。ふだんから彼女と率直にものを言いあえる関係だからこそだろうか。しかし、仲がいいようでいてしょっちゅう口論をしている、教師にとっては不思議な関係だ。彼も同じ立場だが、その書きぶりはずいぶんと違う。

★私はこの句は駄句と感じます。しかし、俳句にはよい悪いはないと思います。自分がこの句はよいと思えばよいし、逆にこの句はつまらないと思えば駄句なのです。たとえばあなたの友人があなたといっしょに歩いている途中、「あの子かわいいね」と言ったとします。しかし、あなたはかわいくないと思います。「この曲はしみじみきて、とてもいいね」。しかし、あなたはまったくいいとは感じません。このように人は好みというものがあるので、この句は名句だ、この句は駄句だということは説明できません。自分が、この句はいいと感じた句こそ名句であり、つまらないと感じるなら駄句であるのです。——ショウゴ

彼に対するミズエのコメントは、ただひと言。「まじめくん」。

このとき、グループではふたりの議論（というより口論）がくり広げられていた。とげとげしいことばの応酬を、周囲ははらはらして聞いている。その結果としてのコメントである。ふたりは和解には至らなかったらしい。しかし、一句の評価を巡って感情的なことばの応酬すら生まれたこと、そこに私はこの句の力を感じる。対立しあうことにおいて、かれらはひとつの関係を築いたのである。

こんなやりとりを目の当たりにしたからか、勢いづいた駄句派から抗議が出た。

「こんな駄句とは仲よくなることも和解することもできない。先生も先生だ。入試直前の受験勉強の真っ最中にこんな俳句を持ち込むなんて……」。批判の矛先はネンテン氏のみならず授業者の私にも向けられた。

★すばらしい！　なんて言えたものではない。何が何だかさっぱりである。この句の裏の裏を読むと、なんて言われても、私には理解できない。その前に「この句、誰にでも作れるんじゃない？」というのが私の本音である。甘納豆が一体何？　というカンジである。まあ別にこの句が名句であろうが駄句であろうが、私自身には関係ないが、一回聞けば心の奥底に残るような何て図々しい句なんだ、と思ってみたりもする。この受験勉強の最中に要らない俳句まで覚えてしまって。もっとタメになる俳句を、と思っても、今のところこの句しか出てこない。ほんとうに駄句なのだろうか。――エリコヨシキは、名句派だが、論拠はショウゴと同じである。

★意味が分からない？　そこがいい。意味なんて俳句には不要だ。聞いて、見て、意味を考えるな。感覚で、体全体で感じ取れ。パッと見て、いいなとすぐ感じ取れたらそれが名句だ。他の奴にとって駄句であっても、それがお前にとって名句ならいい。俳句に他人もくそもあるか。いいか。お前が好きだ。好きなんだ。でも、どうしても意味を考えたいのなら「うふふふ」のところに何か入れて見ろ。入れてみていい句ができる。楽しいじゃねえか。おもしろいじゃねえか。名句じゃねえか。いいか。白の色鉛筆はあんまり使わねえんだぞ。ところで「甘納豆」って何なんだ？――ヨシキ

私は足もとをすくわれた気がした。甘納豆を知らない生徒がいるということを、ヨシキの終わりの一文で私ははじめてわかったのだ。納豆の一種だと思っていたという。最後の落ちに教室は大笑いしたが、彼の率直な問いのおかげで、「自分も知らない」と数名の生徒が名乗りを上げた。なるほど、これではこの句の評価をしようにもできないではないか。

「甘納豆＝糖蜜で煮つめた豆類に、砂糖をまぶした菓子」（『新明解国語辞典』）――辞典の語釈をもとにこの菓子の説明をし、生徒はやっとわかったようである。（以来、この句を扱う授業では、実際の甘納豆を教室に持ち込んだ。この菓子を生徒とともに食べ、その味と食感を確かめ共有することか

ら授業を始めるようにした。教室の学習者全員と授業者が身体に甘納豆をくぐらせることは、教室が学びで構成されるための大切な一歩なのかもしれない。）

「感情の共感帯」に連なる

しかし、作品の具体的なことばに立脚しない論議、ことばの周縁をうろうろするばかりの印象批評は、いくらそれがホットなものであっても作品の読みを深めない。「駄句か名句か」、この問いが適切だったのかどうか——。私が迷いを感じていたとき、ワカナの鑑賞文は、この句のよさをていねいに説明して、駄句派もふくめて多くの生徒の共感を得た。

★この句は言いたいことをそのまま表現した句だ。私はいいと思う。三月はだんだん暖かくなってきて、気分もうきうきしてくる月だ。春が来る喜びをみんながかみしめる。そんな中で大好きな甘納豆があれば、思わず笑い出したくなるほど幸せ。きっと坪内さんは甘納豆が好きなのだろう。この句がいいのは、そういう気持ちを飾ることなく表現しているからだ。華やかなバラの花より素朴なれんげ草が私は好きだ。微妙ににじんだ夕日より、夏の真っ青な空がすなおに受け入れられる。だから、この句も名句だと思う。かっこよくなくても、すなおで私は好きだ。——ワカナ

この句は「れんげ草」であり「夏の真っ青な空」だというワカナは、作品をほんとうに読んだの

だと思う。作品を受けとめたこんな意見が放り込まれると、それまでかしましかった教室のテンションがすっと下がる。

「自分が好きなものと作者のことを重ねているところがよかった」と、ワカナに共感のあいさつを送ったメグミはこう書く。

★なぜ「三月の甘納豆」なのか。それは雛祭りの時に甘納豆を食べたからである。娘もすくすくと成長し、幾度目かの雛祭りの日のことである。この娘はたいそう甘納豆が好きで、その日も「お祝いだから」と言って買ってもらったのだ。雛人形の前で晴れ着を着てニコニコしながら甘納豆をほおばる娘を見て、作者は幸せである。この幸せがいつまでも続いてほしい、娘もずっと幸せでいてほしいという願いがこの句には込められている。「うふふふ」は、一見単純そうに聞こえるが、実はいろんな意味や気持ちが隠れている。その意味や気持ちを「うふふふ」という五文字から見つけ出すことこそが、この句を読むおもしろさである。――メグミ

安藤次男《あんどうつぐお》は言う。一茶は句作において擬音語・擬態語をしばしば用いた。これによって「読者とのあいだに或種の感情の共感帯をまず作ってしま」い「読者に警戒感を解かせ」たのだと。そして、その句が「平明であるかどうかは二の次」だと。（安藤次男『古句再見』筑摩書房、三二四ページ）

この指摘は、メグミの鑑賞文においてそのまま当てはまる。かならずしも「平明」ではないこの句に「警戒心を解」いて、和解へと歩みよる彼女の姿勢。それは、彼女とこの句のあいだに「感情

の共感帯」が生まれたことを告げるものであった。その仕掛けが「うふふふふ」なのだ。

そしてワカナは彼女にこんなコメントをよこした。

「想像力がすごいと思う。単純だからこそ、たくさんの意味が込められていることがわかった」

ふたりには共通点がある。童話や小説の創作が大好きなこと。そして寡黙であること。方向は違えど、一語一語のことばを大切にし、これらに立ち止まりながらの想像力の飛翔。ふたりの自在さを私は大切なものと思う。このようにして甘納豆の句は「私の句」となっていくのである。

「うふふふふ」の響きをどう聞くか

メグミの指摘した「いろんな意味や気持ちが隠れている『うふふふふ』」をどう読むか。やがて授業はそこに収斂していく。「うふふふふ」――読者を挑発する元凶であり、この句の読みを多元に開くための要である。

★なぜ「三月の甘納豆」なのか。いかにも作者が私たちを罠にかけたみたいで悔しい。「うふふふふ」はそんなことをたくらんでいる皮肉な笑いに聞こえる。俳句は意外な者同士の組み合わせに味があると先生が言ったが、これはまさしくそれだ。この句を駄菓子屋の前に貼っておけばおもしろい。とにかく甘納豆はうふふふふ。――タカコ

私は先の俳句の授業で、蛇笏《だこつ》の句「芋の露」を例に挙げ、俳句のとりあわせ（「二句一章」あるい

は「二物衝突」）について一時間かけて授業をした経緯がある。

これに対して駄句派は、このことばにたくらみの匂いを嗅ぎとる。

★「うふふふふ」は、一人で何かをたくらんでいるようでそこが嫌いだ。おい、ネンテン。何をたくらんでいるのだ。——アヤコ

★「うふふふふ」に坪内さんの計画が隠されている。そういうのは水くさい。「うふふふふ」の中身は楽しいできごとだと思う。もしそうなら、もっと普通に言ってほしい。坪内さんは幸せを独り占めしたいようだ。私にも教えてほしい。幸せは分け合う方がいい。でも独り占めしたいものもある。だから坪内さんは憎めない。でも「うふふふふ」は引っかかる。——サトミ

★かわいい句ですが「うふふふふ」にしまりがない。なぜそんなに浮かれているの。——カズコ

★なぜ「うふふふふ」なの。「あははははは」や「えへへへへ」でもいいじゃないか。——マサオ

★「うふふふふ」が何かの呪文みたいで恐ろしい。——リョウコ

★名句だ、いや駄句だとしょっちゅう言い合っているから有名になったのかもしれない。考え込むのもばからしくなってくる。（こんな私たちを）甘納豆がうふふふふと笑っているようだ。——カズミ

たくらみ、幸福の独り占め、しまりのなさ、呪文、嘲笑……とさまざまな意見が出た。うふふふふ、の中身を知りたい。しかし、それが謎として提出されているかぎり、その謎の解明は読み手に

ゆだねられている。すなわち読み手は、この句の価値の創造に参加しているのである。
ごくシンプルに考えたつぎの意見は、思いがけない支持を得た。

★「うふふふふ」はうれしいんだよ。幸せなんだ。わかりやすく言えば、僕の場合は朝にラーメンを食べるってことかな。——シンタロウ

ふだんは黙ってるけれどときどきおもしろいこと言う人、と同級生は彼を見ている。「朝のラーメン」はみんなをすっと納得させた。「さしずめ、きみの場合は『三月の朝のラーメンうふふふふ』だね」。私は彼になりかわって一句詠んでみた。

★何度も読んでみると、顔がにやけているんです。ついつい一緒に「うふふふふ」と。好きなお菓子を一つ一つ味わって食べていると、幸せな気持ちになります。作者もきっと、三月の暖かい日に甘納豆を食べて幸せな気持ちになったんです。その気持ちを精いっぱいの笑いで表現したのではないでしょうか。嬉しいとき、うふふふと笑います。大声でハハハハと笑うのは何かおかしいことがあった時です。幸せをかみしめながら笑うとき、人はほんとうに嬉しそうです。この句は読むだけで人を幸せにしてくれます。——リエコ

この句を何度も口ずさんだリエコは、「うふふふふ」の響きを最大限に肯定的に読み、この句との

もっとも幸福な和解を果たした。芭蕉が提唱したという「舌頭千転《ぜっとうせんてん》」は、やはり短詩型文学の作品世界への参入のための正統的な方法なのである。オノマトペが使われた句ではなおさらであり、句の理解を飛びこえて読者を「感情の共感帯」へといざなうのである。「顔がにやけている」がそれを証明している。

★私がこの句を名句だというのは、私は甘納豆が好きだからである。ひどく個人的な理由だが、寒くもなく暖かくもないこの季節に、口の中に広がるほんのりとした甘さは本当に「う」から始まる笑いを誘う。作者は砂糖を雪に、豆を春に見立てたのではないか。ほんのり甘さ控えめの砂糖は、冬、灰色の空から舞い降りる何ともしんみりとした粉雪。ふにっと柔らかさが嬉しい豆は、空も山も野原も海も出来立てほやほやの「春」なのだ。道の隅に若葉を見つけ、見上げればスカイブルー。ああ、もう春だなあと思う間際に、街は一気に雪景色、こんな冬と春との中間のような「三月」が、口に広がる「甘納豆」で「うふふふ」なのだ。――ヒサコ

ヒサコの鑑賞に、すべての生徒が納得した。この菓子が大好物だという彼女は、甘納豆を味わった経験を「ふにっと」というオノマトペを使いながらていねいに記述し、そこを起点に想像の翼を広げていく。甘納豆の味わいと「うふふふ」、そして三月という季節、三者が不可分の関係にあることを実感をこめて具体的に指摘した彼女のことばには強い説得力がある。身体をくぐったことばは強い。

「三月の甘納豆」とマサトの葛藤

最後にひとつ、異質な意見を紹介する。

★名句か駄句かなんて僕は考えても全然わからない。わからないけど教えてほしいという気持ちもないし、はっきり言って興味がない。この句は名句か駄句か言い合うのもばからしいし、決定してもばからしい。そう、三月といえば僕は「受験」の二文字がまっ先に頭に浮かぶ。一応高校には行くつもりだけれども、本当に行く必要があるのかどうか疑問だ。みんなが行かないのなら僕も行かないいし、今はみんなが行くから僕も行く予定だ。将来の夢とか別にないし、勉強したいこととかも別にない。「何でないのか」と言われても、計算してはじき出されるものではないでしょう。そっとしておいてくれればそれでいい。肝心なことは自分で決めさせろって。——マサト

グループにあって友だちの意見交換を静かに聞くだけで、彼はひと言も口を開かなかった。中学校卒業後の生き方をめぐって親との葛藤にここまで悩んでいたことを、この文章から私は知らされた。自分の人生の当事者でありたいという願いと親のわが子への願いとの衝突。「素直でおとなしくてまじめ」という大人たちの評価のなかにある彼の息苦しさも伝わってくる。

プリント漬けの日々に嫌気がさしながら、入試では一点でもほしい。生徒にはこんなアンビヴァレントな感情が渦巻いている。しかしこの授業は受験とは無縁なのか。否、である。字数四百字以

内、制限時間二十分間で、自分の立場や判断をあきらかにし、根拠を示して他者を納得させる文章を綴る力。これは入試でも問われる思考力であり判断力であり表現力なのである。

たがいの読みを聞きあって授業は終わった。評価の分かれ目となる「うふふふ」――このことばに「三月」と響きあう幸福を感じとり、作者と同じ気分に浸れるのか。反対にこのことばの響きにごまかしやたくらみの匂いを嗅ぎとり、警戒と拒絶で答えるのか。その判断は一人ひとりの生徒にゆだねられている。作者は、こんな多様な読みに微笑みながら和解の手を差しのべてくれるであろうか。

俳句を俳句らしく授業すること

最後に十二か月の甘納豆の句を紹介した。いろんな秘密がここかしこに仕掛けられてある十二句である。

一月の甘納豆はやせてます
二月には甘納豆と坂下る
三月の甘納豆のうふふふふ
四月には死んだまねする甘納豆
五月来て困ってしまう甘納豆
甘納豆六月ごろにはごろついて

腰を病む甘納豆も七月も
八月の嘘と親しむ甘納豆
ほろほろと生きる九月の甘納豆
十月の男女はみんな甘納豆
河馬を呼ぶ十一月の甘納豆
十二月どうするどうする甘納豆

（『坪内稔典句集』〈ふらんす堂〉から）

ことさらに解説めいたことは言わないし、できるものでもない。生徒はグループごとに楽しく読みあっている。大きな声ではっきりと、なんて教師が言わなくても、自然に声は弾みときどき弾けるような笑い声も交じって、かしましいほどである。「十二月どうするどうする甘納豆」に至って、そこかしこから笑いが生まれる。十二句はそれぞれ独立しながらもたがいに緊密に結びついて、ひとつの世界を構成している。くり返し声に出して読みあう行為が、この連作俳句の世界と和解し、「感情の共感帯」に連なるために不可欠の道程である。

大事なことを忘れていた。私のこの句へのスタンスをあきらかにすることである。授業に入るまえ、私はこの句を名句とよぶことにいささかの躊躇があった。川端茅舎《かわばたぼうしゃ》と飯田蛇笏の句を至上のものとしていた当時の私は（ふたりへの尊崇の念はいまでも変わらない）、「俳諧の笑い」（尾形仂）に対して寛容ではなかった。しかし、「三月」「甘納豆」「うふふふ」の、たがいに関係ない単語どうしをつなぐふたつの格助詞「の」の不思議に囚われた。だから授業に持ち込んだのである。

「教材が絶対視されているだけでなく、教師の考える『正当な解釈』が絶対化され、その読みに子どもたちを誘導し、追い詰めていく授業」「テキストの支配」（佐藤学）が、とくに文学の授業において根強い（たとえば主題探し）。しかし、俳句は多義多解を容認し読み手に投げかける謎、わからなさに作品世界の豊饒さが内包されている。授業において俳句を俳句らしく遇することは、テキストに支配されテキストに張りつく授業から、テキストをわがものとしテキストを増幅させ変奏させる授業への離陸を企てることにある。多義の容認は、すなわちそれぞれの読み手がもっているさまざまな経験の容認でもある。だから俳句を俳句らしく待遇していない授業は、やせる。

　授業を終え、生徒の作品を読みながら私はいよいよこの句がおもしろくなった。この句のシンプルな構造とわからなさの共存が生徒を挑発し、かれらを読み手として立たせてくれた。さまざまな読みをいざない、幅広い感情（共感から憎悪に至るまで）を生んだ。価値の対立をひき起こし、個のことばを紡ぎだす強力な触媒となった。授業のデザイナーとしての立場から言おう、これは名句である、と。この句は教室の日常性を切り裂く鋭利なナイフである。

　生徒はわからなさのまえに立ちすくみ、悶える経験によって、よりよき学び手へと成長する。そのわからなさを教室の学び手たちが協同で乗りこえていこうとする意思を誘発する力を秘めた教材は、そんなにあるものではない。作品の解釈と評価が固定し（扇の要の先に広がる扇面に、権威ある画家によって立派な絵が描かれた）、その価値の「高さ」が承認ずみの「名句」にはない力があるのではないか。

　入試あり卒業式ありで、三年生の三月はまことに慌ただしい。しかし生徒は、この一か月間で飛躍的に成長する。絵巻物を転がしていっきに開くように、一日がめくるめく展開をする。生徒は毎日を必死で生きているのだ。一日が終われば、その日は急速に遠のいてゆく。授業が終わると、俳句のことなどすっかり忘れて生徒は入試の過去問題に向かう。それでいい。ただかれらの記憶の海底に沈んだこの句が、あるときふと意識の水面にぷかりと浮かびあがって、うふふふと笑いかければ十分である。そしてこの俳句を、やがては離ればなれになる仲間と中学校の教室で読みあったときの愉悦を思い出してくれれば、ちょっとうれしい。

（一九九七年）

＊——生徒とこの句との出会いの仕方を考えるうえで大きな示唆を得たのが、河東碧梧桐《かわひがしへきごとう》「絶筆」（『子規言行録』〈政教社〉所収）である。それは正岡子規辞世の句の誕生という近代俳句史上画期的な事件に立ち会ったリアルな記録である。

中学一年生と俳句を読む

✿扇面に描く小さな物語［中学一年生］

俳句との出会いは強烈な異文化体験

中学一年生と俳句の読みの授業をした。生徒にははじめての体験である。

俳句はさまざまな連想をいざなう。だからこの文芸において、読者はもっぱらなるテキストの享受者ではない。鑑賞者として作者とともにその句の価値の創造に参加しているのだ。十七音は、読者が想像を飛翔させるための滑走路であり、自分を開くための触媒である。俳句を読む楽しさは、「扇の要《かなめ》」を起点にイメージを飛翔させ、その先に広がる真っ白な扇面に「私」の絵を描くことにある。「読者は私の句をどう読み、そこからどんな絵を描くのか」——俳句の作者は読者の肩越しにその筆さばきを凝視している。そして、その絵を吟味し作品を増幅し変奏させる愉しさ。ここに教室で俳句を読むこと、読みあうことの意義がある。このことを生徒に意識させると、授業がとたんにおもしろくなる。複数の物語が眠るひとつのテキストを、表現にそくして読みひらく学習において、俳句は格好の教材となる。国語教科書では、俳句の単元は三年生におかれているが、このエクササイズを中学校一年生でおこなうと、その後の詩や小説の読みにおいても、その深さ、自在さが格段に違ってくる。

一つひとつのことばにこだわり、立ち止まりながら作品の意思を探り、他者との差異の光に照射されながら、自分の読みを練りあげる。それは他者とのかかわりによってある自己を認識するためのひとつの方法である。俳句は、教室で文学を読みあうことの意味を実感し愉悦を味わい、生徒がひとりの読者として立つためのやさしい教材ではなかろうか。

生徒に示したのはつぎの九句である。

春風に此処《ここ》はいやだとおもって居る　池田澄子《いけだすみこ》
人の手がしづかに肩へ秋日和　鷲谷七菜子《わしたにななこ》
春の風ルンルンけんけんあんぽんたん　坪内稔典
行く年や膝と膝とをつき合せ　夏目《なつめ》漱石《そうせき》
秋の川真白な石を拾ひけり　夏目漱石
雪の野のふたりの人のつひにあふ　山口青邨《やまぐちせいそん》
賀状うずたかしかのひとよりは来ず　桂《かつら》　信子《のぶこ》
このひととすることもなき秋の暮　加藤郁乎《かとういくや》

大寒の東京駅に人を待つ　鈴木《すずき》しづ子《こ》

いずれも読み手に謎をかけ、読み手を挑発してやまない俳句たちである。同時に読み手に対して開かれた句である。すなわち、作品の新たな価値の創造への積極的な参加を読み手に求めている句である。だから、教室で読みあうだけの価値をもっている。

教材を配るや、大きく見開かれた生徒の目はプリントに釘づけだ。声も出ない。生徒にとってこれらの俳句との出会いは、強烈な異文化体験そのものである。かれらにとってこの九句は、異界から聞こえてくる呪文にほかならない。

自分と作品とのあいだに横たわるクレバスをのぞき込んで、その底知れない深さに足をすくめる感覚。しかし、だからこそ、そこに橋を架けようとする意思。わからなさに悶え苦しみ、同時にわからなさを楽しむ。――私が企図するのは、この経験を学級で共有することである。

わからなさを楽しむための手がかり

ここでは三句をとりあげる。つぎは私が生徒に投げかけた問いである。

1　春風に此処はいやだとおもって居る　池田澄子

暖かく柔らかく吹く春風、それは心地よいはずなのに、「此処はいやだ」とネガティヴな感情とつながっている事態をどう読むか。これが「北風」や「颱風」ならわかる。「此処」とはどこか。「いやだとおもって居る」のはだれで、それはなぜか。作者はわざわざ「居る」と漢字を当てた。それは補助動詞ではなく、「人・動物がその場所に存在する」（『大辞林』三省堂）意味の自動詞であることを意味している。すなわちこの俳句の主人公は、「いやだ」と思いながらも、そこにわれにもあらず、「居る」のである。それはどんな事情があってのことなのか。

高浜虚子《たかはまきょし》の「春風や闘志いだきて丘に立つ」とは対照的な句である。虚子の句はみずからの「闘志」に火をつける句として、生徒がそれぞれにこの句を増幅、変奏させればよい。だから生徒にとっては、素直に読めて受容しやすい句だ。教師のほうも、学校的価値を投影させた授業ができる句だ。対する池田澄子のそれは、この価値とはおよそ無縁である。

2　人の手がしづかに肩へ秋日和　　鷲谷七菜子

「人」とはだれか。なぜ「人」なのか。その手がだれの肩に置かれたのか。あるいは置かれようとしているのか。「人」と「肩」、二者の関係は。「しづかに」移動する手の動作には、どんな事情があるのか。説明はいっさいない。ただ手と肩の一瞬の映像が切りとられて読み手に提示されているだけである。しかもこの映像を、季語「秋日和」と関係づけながら読み開かなくてはならない。

3　秋の川真白な石を拾ひけり　　夏目漱石

秋の川で真っ白な石を拾った。ただそれだけのこと。あるいはこう問う人もいるだろう。「だからなに?」と。あなたはこの問いに答えよう。この事実を作者はなぜ俳句で表現したのか? 季語「秋の川」をていねいにイメージしながら、そこで真っ白な石を拾った漱石に語らせてほしい。

「いやだとおもって居る」のはなぜ?

生徒は私からの問いをふまえ、自分が選んだ一句について小さな物語を書いた。これすなわち「扇面に描いた自分の絵」である。

春風に此処はいやだとおもって居る

「春風に花粉が混じっている。この人は、花粉が混じっている春風が吹くここはいやだと言っている」——なるほど。でも、あまりに現実的だ。共感する生徒はいない。

「森の中で道に迷った。恐怖を感じている」——ここはいやだということはわかるが、森のなかに春風は吹くだろうか。

「過去のいやな思い出のある場所。幼い頃、その時も春風が吹いていた」——なるほど。で、どんな思い出なんだろう。

「この空き地で犬に噛まれたことがあった」

こんな問答をくり返していると、ユキコが言った。みずから手を挙げて発言することなどなく、いたって無口でじっと座っている子なので、私も生徒もちょっと驚いた。「たんぽぽの綿毛です」――どういうこと？　生徒も怪訝《けげん》な顔をする。「春風に吹かれて、たんぽぽの綿毛が飛んでいる。その綿毛が言ったんです」――驚いた。だれも考えもつかなかったこと。しかし、みな納得した。彼女は同級生の発言を聞きながら、自分の発想のオリジナリティに気づき、それを声にしたい衝動につき動かされていたのだ。そこで彼女が書いたお話、「たんぽぽの旅」の一部始終である。

春になり、土手にはあたり一面タンポポが咲き、綿毛が飛び散る。ボクも兄弟たちと一緒に春風に吹かれ、まだ見たことがない土手の向こうへ飛んでいった。暖かい風に吹かれ、ボクの心も春のように躍っていた。ボクが花を咲かせるとしたら、広い野原で咲きたいと思っていた。日はだんだん昇り、風が強くなった。するとボクは春風に勢いよく流されていった。一つ、二つ、三つ……小さな川を何度か通った。五つ目の川を越えたら、広く美しい野原が見えた。やった！　野原だ！　日も沈みかけ、風も弱くなり始めた。この調子だとここで花が咲かせられる。と、横から強い風が吹いた。ボクは勢いよく流され、地面に落ちた。あたりを見回すと、そこはあの土手だった。

これを私がゆっくり読んでやる。生徒から感嘆のため息が漏れる。「すごくおもしろい！　表現も上手だし、最後が意外。俳句の意味もよくわかる」とは、ふだんはユキコと会話もないというエミコからのコメントである。

「しかしボクは、われにもあらず置かれた『此処』で、芽を出し根を張り花を咲かせて生きていくことをひきうけなければならない。置かれたところで咲きなさい、ということばを、ボクに贈りたいね」と、私がまとめた。

「しづかに肩へ」置かれたのはだれの手？

人の手がしづかに肩へ秋日和

解釈をグループで出しあっていると、突然セイジがすっとんきょうな声を上げた。

「先生、ナオキは自分の経験を書いてますよ」

「言うなって」。向かいに座るナオキがあわてる。

人の手がしずかに肩へ——ゲームセンターに入り浸っていた少年の肩に置かれた手の持ち主は補導のおじさんだった。しかしこの物語には無理がある。「ゲームセンターで、秋日和を感じられるのか」——セイジからの問いに、ナオキはずいぶん考えたすえ、つぎのように読みなおした。

「病院で、看護婦さんが車いすのおじいさんの肩にそっと手を置いた。ふたりは笑顔で話しながら、看護婦さんがおじいさんの車いすを押してあげる。病院の庭です」

「そして庭のふたりが見上げたのが秋晴れの空ってわけか。どう？」と私。生徒はうんうん、と納得の表情。セイジもうなずくばかり。

異なった読みがつぎつぎにグループから紹介される。

★後ろからやさしく肩をたたかれた。中学時代の懐かしい親友だ。——ヨシオ

★いじめられて傷ついた私が、一人放課後の教室に座っていた。その時、誰かが自分の肩の上にそっと手をやった。友だちのアイちゃん。「大丈夫だよ。気にするなって」。空を見上げると、今日も気持ちのいい秋日和でした。——トモコ

★秋日和の校庭での鬼ごっこ。こっそり隠れていたら、後ろからそっと近づいてきた鬼に肩をたたかれた。——キヌコ

肩は「私」、「人」は友だち。私とその友人というシチュエーションをとる生徒が多かった。中学生にとって、肩という自分の身体の一部に手を触れさせることを許容できる相手は、自分にとっての親密圏の内側にいる人、すなわち友人なのだ。そこに家族がいないのが寂しい。まして教師がひとりも出てこないのはもっと寂しい。

「ナミコさんのがおもしろいよ。先生」。隣のミツオが私に彼女の作文を差し出す。作者はにこにこしている。「捨て犬になったつもりで書いた話」。——題を読んだ私は不思議に思った。捨て犬に変身して彼女はどんな物語を書いたのだろう?

暖かい秋の日差しが段ボールの隙間から入ってくる。赤い葉がぱさりと落ちる。僕はなぜこの公園に、こんな段ボールに入れられているのだろう。いつもは暖かいあの部屋で、窓越しにこの公園を見ていたのに。ふんわりとした暖かさの中で、箱の隙間から見える、赤や黄色の

葉、きらきらした光をぼんやり眺めている。こんなにあの部屋が恋しかったことはない。ああ、帰りたい。いつも、こんな秋の日に、この公園へ連れてきてもらった、あの日へ。カサッ　カサッ　カサッ。誰かが落ち葉を踏んで近づいてくる。僕の肩にとんとのせられた人の手は、どこかあの人のぬくもりに似ているように思った。振り向いて見ると、その人は僕のまったく知らない人。この秋晴れの空の下、新しい部屋、新しい匂いの中で、僕はあの人を思っている。この新しい部屋に吹き込んでくる日ざしと風に柔らかな秋を感じる。今日は僕にとって最高の秋日和だったのかもしれない。

なにゆえ「人」なのか？　このことばに立ちどまったのが、彼女だ。この問いに対するひとつの鮮やかな解答を読んだ思いだった。「僕」は「食肉目イヌ科の哺乳類」だから、その肩に置かれたのは「霊長目ヒト科の哺乳類。ホモ-サピエンス」（『大辞林』）である「人」の「手」なのだ。

私がゆっくり読んでやる。この読みにも多くの生徒が驚いた。

★感動のストーリーでした。読んでいると、その風景が想像できました。——スミコ

★これ、本にしてもいいくらい。いい話でした。——カズキ

★本当に、今見ているような感じですごいなあと思いました。——ヤスエ

こんなコメントに、ナミコはますますにこにこした。

「けり」がひきうけた時間を想像する

秋の川真白な石を拾ひけり

「先生！」。グループをまわっている私を今度はユキコが呼んだ。「ちょっと来てください」。何だろう。事件か？「ミズエちゃんの作品、読んでください」。ミズエは小さく笑ってそっとプリントを差し出した。そこにはこんな物語が小さな字でびっしりと書かれていた。

光を感じた。風が体をなでていた。僕はいつからこの光を浴びていたのだろう。物心がついたときにはこの秋空の真下で上を見上げていた。見たものすべてが目に入り、聞こえるのは川のせせらぎとざわめく森の木々……。僕は川のそばに立ちつくしていた。赤く染まった風でわずかに揺らめく山と、穏やかな動きで流れゆく薄いピンク色の雲、そして少しだけ赤混じりな青空が僕を取り囲んでいた。

僕は川の方へと歩み寄った。光を反射してちらちらとまぶしく目を突き刺すように光る。川の中は澄んでいて、水面は木が映って揺れている。自分の姿も目に入る。心が安らいだ。ただ川を眺めているだけなのに……。また、何かが懐かしくも思えた。何も知らないはずなのに。

少し下流へ足を進めた。流れがとても穏やかだ。川には黒く丸いものがいくつも転がっている。上流から流れてきて丸くなってしまった小さな石。水に手を入れる。そして突然目についたものは、たった一つの真っ白な石だ。僕は迷わずそれを手に取った。水で濡れた手を、風が意地悪してくるように冷やしていく。石はとても明るく輝いているように見えた。まるで石そのものが光っているかのように。

僕はその石を握りしめた。この白い石がとても大切なもののような気がして。そしてそれを日にかざした。何かが見えたような気がした。僕はその石を片時も離さず持っていた。川岸でずっと立ちつくしたままで。

すでに彼女の作文には、友だちから寄せられたコメントが書かれていた。

★話がすごくスムーズ。登場人物の心境がすごくよくわかった。――ユキコ

★話の表現がすごい。――ヨシコ

★ストーリーがおもしろかった。――タツオ

★天才的!!　絵の才能もあんのに文の才能もあるね。――カズオ

グループの生徒たちは、この作品のまえに自分の読みは出せない、これ以上の読みはできないというのだ。

「けり」は、詠嘆すなわち反省的認識をあらわす。「その事が終わり、その結果が存在していることを述べる」（『大辞林』）。「けり」がこの句の最後におかれたことの必然性に納得させられる。秋の川に存在していた真っ白な石が、やがて作者の掌中に存在するに至った移動の経緯が記述されている。そして、いま、たしかに、自分の掌中に存在している「真白な石」。それを作者は触感で確認し

ている。これは自分自身の生を確かめている行為でもあるのだ。拾ったときはひんやり冷たい石も、掌のなかで作者の体温が移り、やがて同じぬくもりをもつ。その時間までも「けり」はひきうけている。漱石が生きていたら、自分が提示した扇の要の先に描かれたこの絵をどう思うだろうか。

俳句史をひもとけば、すぐれた解釈によって、その句の価値が決定づけられる事態があった。たとえば、「あなたなる夜雨《よさめ》の葛《くず》のあなたかな」（芝不器男《しばふきお》）に付けた虚子の鑑賞。「翡翠《かわせみ》の影こんこんと溯《さかのぼ》り」（川端茅舎）に対する大野林火《おおのりんか》の解。いくら俳句が多元多解を許すとはいっても、私の目にはこんなにみごとな解釈のまえにほかの解釈はことごとくかすんでしまった。俳句における読者は、同時に作品の価値の創造者でもある。虚子と林火は、このことを私に教えてくれた。

寡黙な子どもたちが生みだす表現

教室が文学のことばで満たされているとき、生徒はそれぞれに自分の光を明滅させている。教室からとげとげしくかん高い声が消える。こんなときの教室は、時間の流れは緩やかに、空気はふっと潤って柔らかくなる。生徒の表情は柔和にそして晴れやかになる。それから教室のここそこのグループで、作品を媒介にした会話が弾んでくる。私は、そのおしゃべりにしばらく耳を傾ける。ひょっとしたら生徒は、親密圏の相手と話すときよりもずっと心安らかに、自分が感じ考えたことを話せているのではないのだろうか。

ところが授業を終えると、とたんにクラスの空気がほどける。教師の統御から自由になった非構成的な時間への移行にともない、生徒は日常の関係ふるまいに戻る。かれらが明滅させていた光も消える。再生した仲よしグループは手をつないでトイレに向かい、おしゃべりに花を咲かす。美術部のユキコとミズエはスケッチブックを出してマンガのキャラクターを描いている。まわりに数名の「観客」がいる。リョウジとセイヤは、かれらお気に入りの教室隅の掃除道具置き場の狭隘な空間に身体を押し込めて、つかのまのひきこもりを楽しんでいる。みな、定義されない十分間を思い思いのやり方で、他者を抹消しあって楽しく生きている。

職員室に戻って私は、学年の教師に授業の話をする。

「へえ、ユキコが?」。教師たちは一様に驚いている。

「彼女は、ひとりでこつこつイラストを描いてます。ときどき、奇抜な絵を描いては私に見せに来る。そんな作品を上級生も感心して見ている」と美術部顧問のMさん。

教室でユキコとミズエは地味な存在である。昼休みは外に出ることもなくトイレに集うこともなく、いつも教室の隅っこで絵を描いている。日常のなかでは、その存在が消されがちで教師のあいだでも話題にされることがない。おとなしくめだたず、学校生活を淡々と送っている。問題生徒ではない、スポーツや試験で卓越しているわけでもない、学級会や生徒会活動で委員になって活躍しているわけでもない、たくさんの友だちと群れて騒いでいるわけでもない、しかしめだたずとも自分の居場所をもって自分のすべきことをしっかりやっている子である。学校を覆いがちな饒舌や喧噪とはもっとも縁遠いところにいる寡黙な存在。ともすれば固有名詞を消されてしまいがちな子どもたちが紡いだ書きことばの表現が教室のなかにおかれたとき、鮮烈な光を放つことがある。

対するナミコは、活発で学級でもめだつ存在である。利発で気が強く話しことばに長けているだけに、彼女には友だちも多い。

「この子、犬が好きなんだろうね。この子がこんなやさしい文章を書くなんて」。担任のＩさんは、ふだんとは違った彼女の姿に感慨深げだった。

やがて年度がかわり、かれらは二年生に進級した。私はこの学校での三年間の勤務を終え、つぎの中学校へ転勤した。かれらは私が授業を受けもてた最後の生徒になった。

子どものなかに再生産されつづける暴力

その後、この授業をはじめとしたかれらとの一年間を思い出すことがある。それは子どもが起こすさまざまな形態の暴力に向きあったときである。

子どもの暴力が止まらない。文部科学省の「問題行動調査」のデータによっても、その深刻な実態の一端がうかがわれる。学校裏サイトやネットいじめもその深刻さを助長している。

子どものなかに再生産されつづける暴力はいまに始まったことではない。ベテラン教師も若い教師も、教職生活のスタートと同時に、この問題と向きあってきた。私自身も、苦い経験であり、同時に私を教師として成長させてくれた得がたい経験も、生徒がひき起こした暴力だった。

子どもたちの固定した人間関係がいったん崩れると、もう逃げ場がない。袋小路に追い込まれたかれらのなかに暴力が生まれる。それは他人ばかりではなく、ときとして自分自身に向けられることがある。そこにはだれからも受けとめられなかった怒りと悲しみ、そして孤独がある。

また、いったん傷ついた自尊心は、そのまま憎悪へと転化する。しかも自分を傷つけた相手が身近であればあるほどこの感情は増幅されて、ときに暴力を選択させる。

子どもは孤立を極度に恐れつつ、たがいに気疲れしながら仲よしを演じている。こんなデリケートな友情にいったんひびが入ると、その修復は当事者だけでは不可能である。崩壊の危うさを抱えながら、ほんとうには出会えていない者どうしによる、密室に置かれた月下美人のような儚《はかな》い友情が花開く。

子どもの暴力が事件としてとりあげられるたびに、等身大の姿とは乖離した子ども像が形成され、それが「いまどきの子どもは」というステレオタイプの表現で社会に浸透しているように思えてならない。このことと軌を一にして子どもへの不寛容のまなざしと学校批判が強められていった。

そのたびに学校も教育行政も、さまざまな手だてを講じてきた。子ども理解とそれにもとづいた適切な対応をテーマにした研修会や新たな制度の立ち上げも、ひとつやふたつではない。教師も一生懸命なのだ。

しかし、即効性ある処方箋はない。やれることはやはりいままでにもまして子どもの声に耳を澄まし、そのつぶやきやさり気ないしぐさに込められた大切なメッセージを読みとり、日々の仕事をていねいに続けながら、教師を生きることしかないだろう。細やかにかつおおらかにかれらとかかわり、その存在を受けとめる教師の構えがあってこそ生きる方法手段であり、知識技術であり、制度であると思う。

文学を媒介にした公共圏の形成

そして、子どものなかに浸透する暴力に対して、国語教師しかできない仕事がある。それは教室での読みの交歓をつうじた他者の発見と自己の定位であり、文学を媒介にした公共圏の形成である。私事化による蚕食《さんしょく》の危険性をたえずはらみつつ学校があることを思えば、授業における公共圏の形成は第一義的におかれるべき教師の課題であると思う。

それは、教室のすべての構成員が他者のことばに虚心坦懐に耳を傾け、安心して表現し伝えあえる関係を築くことから始まり、教室で文学を読みあうことの素朴な愉しみを、それぞれの国語教室で回復することへとつながる。

文学作品の登場人物や表現者の喜怒哀楽の感情や思想を、作品に記述されたことばにそくして読みひらくことは、国語教室でしかできない行為である。教室で生徒の声が等しくとりあげられ吟味されることによって、文学を媒介に生徒どうしの出会いを企図することである。「いま・ここ」の時空を共有して生きている身体どうしを真に出会わせるために、文学があり教師がいる。文学の読みのおもしろさとは、作品そのものを内在的に理解するおもしろさである。同時に、「えっ。あいつが?」ということばに表されるところの、読者として立った生徒が相互発見を積み重ねながら、「個の佇立《ちょりつ》」(佐藤学)を遂げていく過程のおもしろさでもある。このプロセスに当事者として立ち会えることは、大きな驚きであり喜びであり愉悦に満ちた時間なのである。その瞬間が五十分間のなかに一回あればすばらしい。

だから私の授業実践のモチーフは、身体間の差異のシャープな表出と、それをつうじた相互発見・共感・異議申し立て・対立、そして構成員相互の和解である。

孤独な読者が自室で読むのではなく、教室に集う生徒が教師を媒介者にして文学をともに読みあう行為は、子どものなかに再生産されつづけている暴力に対するささやかではあるが根元的な闘いではないだろうか。

荒々しいことば、とげとげしい声、冷やかし、茶化し、冷笑、哄笑、たちの悪い冗談――こんな暴力性を内包し暴力を誘発し、暴力そのものとなっていることばに対峙することばは、国語教室で生まれる文学のことばだと思う。われわれは、われわれしかできないささやかな仕事で応えなければならない。すなわち生徒どうしが出会える一時間一時間の授業の創造で。

授業は、日常をいったん遮断して教科学問を学ぶ場所である。だから授業には、世俗的な関係を持ち込まない。すなわち仲よし関係を切る。間違っても、それをあてにし依存して授業を構成しない。授業は、「既知」であるはずのわれわれが、教科学問の知的な光のなかでたがいの「未知」を発見し、自分自身を発見しながら、その関係を編みなおすための特別に構成された非日常の時間である。そうでないとせっかくの授業のなかで生徒の出会いなおしは生まれようもなく、むしろ子ども間の固定した権力関係を追認し強化する場になる。だから、校門をくぐる行為は、世間的日常からいったん仕切られ特別に構成された非日常の時空のなかに、わが身を投げ込むことを意味する。この非日常の時空の創出にかかわるのが教師である。ほかにはいない。

そして、国語教室で生徒が生みだしたテキストを、より広い世界へと解き放つこと。そのことをとおした同僚の教師たちとの一人ひとりの生徒へのまなざしの複数化と共有化も、国語教師が果たすべき役割のひとつである。子どもの声から豊かな物語を聴きとり、それを職員室で同僚に再話することによって、教師も自分の声を獲得することができる。（むしろ、教師の声が失われつつあること、そのことに教師自身が気づいていないことの危機のほうが、子どものそれにもまして深いのではないか。）

すごい授業をしようとか、ましてや生徒を感動させようとか、そんな「熱心な」教師の独りよがりは、かえって反対の結果しかもたらさない。肩ひじ張らずに一つひとつのことばを大切にし、表現に敏感に反応しながら、じっくりと生徒の内言をひきだすことに努めたい。そうすれば、授業の大部分は穏やかで静かな時間で満たされる。

文学教材を扱ってさまざまな方法が試みられている。百花繚乱と形容すべきか。しかし、生徒が真に作品と出会えた授業はどれほどあるのだろうか。

「驚くほど子どもがノル」、かつて私もこんなことばを帯に巻いた授業のネタ本を買いあさったひとりだった。当時の私は、授業中の生徒の沈黙の意味するところがわからず、たとえ一分間であってもそれに耐えられなかったのだ。同時に、授業で子どもを自分の意のままに操作したい、子どもをその感情までも自分の掌中に収めたいという欲望も強かった。それがすぐれた教師のすぐれた授業だと思い込んでいた。おそらく私は、統御の対象、ノセル対象として、すなわち教師の従属物として子どもを扱っていたのだった。子どもは学ぶ主体であることに気づかず、かれらを私物化していたのではなかったのか。

しかし、もはや私は子どもを乗せ、子どもがハイハイとわれさきに手を挙げる授業をモデルにはしない。一見、活発な活動がなされていようと、それがはたして一つひとつのことばが大切にされ、その力がひきだされ、生徒のことばの力につながってゆくのか――このことが吟味される必要があるだろう。「驚くほど」教師に乗せられながら、そのじつ、かれらは作品にも仲間にも自分自身にもほんとうには出会えていないのではないか。

暴力を誘発することばへの対峙は、やはりことばによってなされなければならない。それは学びと関係を紡ぐことばであり、国語教室から生まれることばなのである。

子どもの暴力は、いくら時間がたとうとも当事者にとってその傷が完全に癒えることはなく、教師たちに突きつけられた問題提起の刃が鈍ることはない。子どもの暴力のまえに立って、われわれが再確認を迫られていることのひとつは、国語教室固有の、しかもかけがえのない役割である。

（二〇〇五年）

あとがきにかえて

授業づくりを支えたもの――私を成長させてくれた人びととの出会い

「詩『便所掃除』(浜口国雄)を読む」――これが私にとって最初の授業記録である。国語研究会に参加し、研究者の講義や教師の実践報告を聞きながら、自分も授業記録をとってみようと、テープレコーダーを回し文字に綴った。これを読んだ、私の父ほども年上の研究会事務局長のHさん(故人)が、夏の合宿研究会で報告することを勧めてくれた。二十代最後の年だった。

以来、教材の発掘・選定と分析、授業のデザイン、授業実践とその後の省察が、私の授業づくりの基本的なサイクルになった。この授業づくりのペダルをこぎつづけることによって、私はかろうじて国語教師たりえたのだった。

そして、私を育ててくれたのは、私の授業に、共感のことばで、あるいは拒絶のことばで応えてくれた生徒であり、夜を徹して授業を語りあった教師であり、文学や教育学の専門領域からの批評をしてくれた研究者であり、教師が固有名詞で登場することを後押ししてくれた教育誌の編集者であり、そしてなにより青二才のわがままな仕事ぶりを、おおらかに受けとめてくれた同僚教師であり上司であった。紆余曲折しながらも私が教師として歩んでこれたのは、これらの人びととの出会いのおかげである。

◉

なかでも、とりわけ大きな影響を受けたふたりの教師の思い出をここに記す。

S校長。いっしょに同じ中学校に赴任し、三年間をともに仕事をするなかで多くのことを教わった。

いまになって気づいたことがある。S校長にとって当時の私は、相当にむずかしい部下だったろうと。ときに暴走もするわがままで危険な存在だったろう。視野が狭く思慮が浅く、教師としても社会人としても未熟な私をたしなめ叱り、同時に認め励まし助言を与え、この中学校におかれた私をひきうけてくれたのだった。

新学期が始まってまもなく、私は校長室に呼ばれた。

「あなたは、この学校をどう思う。率直に言ってほしい」

学校経営に役立てたいからと、校長に意見を求められることなど、はじめてだった。

「荒れていると思います」。そう答えて、始業式以来一週間の生徒のようすを話した。

教室は天井まで落書きがいっぱい。二年生の授業に行った。生徒は無表情でひと言もしゃべらない。教科書を開いている生徒はまれで、ノートも持たず筆箱も持たない。ところが授業が終わったとたん、教室ははじけたように騒がしくなる。生徒は窓から廊下に飛びだして走りまわる。かれらの授業中の沈黙と、休み時間の喧噪の落差にとまどうばかりだった。昼

休み も一年生は上級生が独占している校庭に出られるはずもなく、教室でじっとしている。校長もその光景を目の当たりにしていたのである。

「私もそう思う。先生、まずはしっかりと授業をしてくれ。そしてこの学校で研究授業を始めよう。あなた、やってくれるか」

校長から授業の質の向上を求められることなど、はじめてだった。当時、中学校では、校長といえども、教師の授業内容や方法・技術に関与することなど軽々にはできなかった。無理に介入しようとすれば、教師たちの感情的な反発が生じ、校長と教師の対立を招きかねなかった。学校経営は難しくなり、生徒が不安定になるのは目に見えている。教科授業の壁はそれほど厚かった。

私は、授業実践に打ち込んだ。国語研究会に学んで、生徒がわくわくしながら読めるような教材を開発し、一つひとつのことばにこだわり立ち止まりながら文学を読む授業スタイルを追究した。

校長室に呼ばれて意見を求められたのは私だけではない。S校長は、すべての教師に意見を求め、ていねいに対話をしながら教師たちの絆を編んでいった。同時に親たちにも学校の現状を訴えて、改革のパートナーとしての参加を求めた。

当時のPTA会長Kさんのことばがいまでも忘れられない。

「四月最初のPTA役員会で、校長は開口いちばん『この学校は荒れています』と。着任早々何を言うんだ、と。少々むっときた。それから『先生たちからも生徒のようすを聞きました。だからこれは私ひとりの認識ではありません』と言って、一枚の書面を差し出した。そこには、一なになに、二なになに……と、学校の現状と今後の改善計画が箇条書きで書いてあった。びっくりしたね。この校長、本気だと思った」

それからK会長の学校への日参が始まった。

この年、校長は教育環境の整備に打ち込んだ。落書きだらけの校舎の壁を、夏休みを費やしてみずからペンキで塗った。

授業研究が少しずつ進んでいった。気づいたときは、職員室でも授業とそのなかでの生徒の話題が増えていた。隔年ごとに新任教師が入ってくるこの学校は、若い教師が多く、ともにした夕食が、いつのまにか酒宴に変わることがしばしばだった。こんな雰囲気のなかで、教師たちの教育論議はしだいに熱を帯び、闊達さを増していった。

授業での私の饒舌さを指摘してくれたのが、Tさんだった。彼も私と同時にこの中学校に赴任した。小学校から中学校の体育教師に転じたTさんは、授業の始まりをことのほか大事にした。この一時間で何を学ぶのか――つねに生徒に明快に示し、内容の濃い活動をさせた。授業で生徒にかけることばはきわめて節約されていて、それだけに、生徒はじつによく活動した。国語科のような座学の、しかもテキスト依存型の教科は、技能教科の教師から学ぶことがたくさんある。授業の始まりを大事にし、そこで一時間の課題を明快に示し、すぐさま活動に入ることが、その後の授業の密度を決定づける。このことをTさんから学んだ。

S校長は、一人ひとりの教師の仕事ぶりをよく見ており、それだけに未熟な私は、歯に衣を着せない批評をされたが、同時にその十倍も私の小さな努力を認め励ましてくれた。

学校がすっかり落ち着いた翌年、S校長から国語研究大会での分科会発表を勧められたとき、私はわがままな要求をした。

「発表をひきうけましょう。〈言語事項〉の分科会ですから、私は〈語句・語彙《ごい》指導〉の実践を発表します。ただし、お金をください。これまで系統的な語句・語彙指導をめざして書きためてきた教材があります。これを一本にまとめ、副読本として生徒に配布したいのです」

S校長はすぐさま町教育委員会と交渉。その結果、製版・印刷・製本と、副読本制作にかかるすべての経費を町が負担してくれることになり、副読本は無償で全校生徒に配布された。

教育の理念を示し、授業の質の向上に責任をもつのは校長である。教師の創造的で伸びやかな授業実践を支え、魅力ある授業を生徒に提供するために、教師が心一筋に打ち込める環境を整えるのも校長である。また、どの教師にも、それぞれの役割と出番を与えるのも校長の大切な仕事である。どんな教師にも、その努力を認めねぎらい、その教師のよさをひきだし最大限の可能性を発揮させるための努力を傾注するのが校長である。そしてもし校長と教師たちのあいだに相互不信があり対立があれば、そのことの不幸をひきうけさせられるのはその学校の子どもたちである。

◉

もうひとりはさきにふれたHさん。一九八二年夏の国語研究会で出会った。「先生の授業、むずかしすぎてようわからん」――毎時間の授業で生徒から投げつけられるこのことばに悩み、いらだち、途方に暮れた初任の一年間だった。こんな授業をなんとかしたいと、藁《わら》にもすがる思いで参加したのだった。

Hさんは、国語研究会のリーダーとして、三十年を言語教育の研究と実践に打ち込んできた学究肌の教師だった。その豊かな実践と深い教養に裏づけられた話を聞くのが楽しさに、それからの私は夏と冬に開かれる研究会に欠かさず参加した。Hさんを囲んで、その訥々《とつとつ》とした語りからかたどられる授業と生徒の姿に夜がふけるまで聞きいった。

しかし、この時期にはすでに教師の疲労の色が濃かった。とりわけベテラン教師の疲弊は深刻だった。

「文学の授業が成り立たないんだ。私のことばが生徒に届かないんだ。子どもが反応しないんだ。みんなしらけきっていて。いままではこんなことはなかったんだが。授業が終わったあとに、言いようのない疲れが襲ってくる。つらいよ」

うめくような声だった。国語教育ばかりでなく、戦後教育改革の象徴としての新制中学校の学校づくりを推進し、すばらしい実践を築いてきたある教師が私に語った。そこからは深い徒労と激しい焦燥が感じられた。

やがて彼はため息まじりにつぶやいた。

「もう、いいかげんに辞めたい」

自分の仕事の中心に授業実践を据え、それに打ち込んできた教師ほど傷は深かった。

七〇年代後半から八〇年代にかけて都市部を中心に全国的に広がった中学校の荒れのただなかに、研究会に集う教師の多くがいた。対教師暴力や器物損壊行為をくり返す生徒と、かれらをとりまく生徒の荒れである。授業は周辺に追いやられ、教師は生徒指導と問題行動への対応に忙殺されていた。

教室での悩みを抱えながら、ともすれば崩れそうになる自分自身を支えたい。元気になりたい。元気になって九月の教室で、また生徒と文学の授業がしたい。そんな切実な願いを抱いて、多くの教師が参加していた。

生徒の無反応と冷ややかなまなざしに、私も幾度となくさらされた。ちょうど、水面に放った小石が、音もたてずに水中に吸い込まれてゆくような不気味さにも似ている。それは教師という存在の黙殺、いや抹消ですらある。生徒に抹消された私が、それでも教壇に立ってかれらに向かいあわなければならない、そのつらさ寂しさ。

じつは、われわれは、生徒の均一性に依存して、教室が同一の文学的感動によって結ばれる授業を追求していたのではなかったのか。このころから教室の均一性・同質性は薄れつつあり、国語教室が共通の感動に浸る場面をつくることが、困難になってきたのである。それは、必然的に文学の授業のパラダイム転換を要求していたのだった。

しかし、学校とりわけ都市部では、文学どころか授業そのものが成立しない状況が生まれ、それがじわじわと広がっていた。ベテラン教師の授業ですらそうだから、荒れた学校におかれた若い教師のそれはもっと深刻だった。自分は、なぜ教師になったのか。これからも教師でありつづけるためには、どうすればいいのか。——この自問自答にさいなまれた私と同期採用の教師のなかには、新たな生き方を求めて教職を去る者が出ていた。

昼間の研究会がはねたあとの夜の実践交流会で、教師たちの授業づくりの悩みはいつしか愚痴に変わっていた。生徒が変わった、親が変わった、校長がわかってくれない、忙しすぎて教材研究ができない、時代が悪いからしかたがない……困った困った。あちこちの車座からため息が聞こえる。私もいっしょになって相づちを打っていた。

そのときだった。

「おまえたちは、それでも教師か」。怒気を帯びた鋭い声だった。

一瞬座が凍りつき、その場にいあわせた者はみな、びっくりして声の主を見た。Hさんの両膝には握りしめた拳《こぶし》が置かれていた。続けていっそう強い口調でこう言いはなった。

「愚痴を言いあうためにここに集まってるんじゃない。おれは、授業で子どもを救う」

一座の者はみな、息をのんだ。天啓が降りてきた。——私はそう思った。それまで柔和な表情と穏やかな語り口のHさんしか知らなかった私は、このときのHさんが別人に見えた。もちろんHさんが勤める学校も荒れが進行し、授業づくりの苦悩も人一倍大きかったのだ。

このことばは、いかに困難な状況に教師がおかれようとも、魅力ある授業づくりの旗を降ろすまいとする決意表明であった。あえて自分自身をのっぴきならない場所におき、あと十年足らずの自分の教師生活を、専門家としての矜持《きょうじ》をもって生きぬこうとするためのサークルの仲間への宣言であった。よし、おれだって授業で子どもを救うぞ。さっそく九月からの授業で使う教材の分析にとりかかろうと、はやる心で研究会場をあとにした。
「おれは、授業で子どもを救う」――二十八年たったいまも、私にとっての天啓でありつづけている。そして、このことばは、公教育にたずさわる教師のミッションそのものであることを、やがて知ったのである。

教師はひとりでは成長できない。生徒・同僚・校長・研究会の仲間・研究者・保護者……多様な人びととの出会いとかかわりによって、ゆっくりと、しかしある時機に一挙に成長するものなのだ。――Hさんとその国語研究会との出会いがこのことを教えてくれる。

◉

本書をまとめるにあたってあらためて思うことがある。それは授業の一回性という宿命であり、そのことの重さかけがえのなさである。たとえそれぞれの授業計画を几帳面になぞったとしても、私自身もはや二度と同じ授業はできない。あのとき、あの場所で、あの生徒たちとの出会いによって生まれた教室の出来事なのである。授業は、やはり「いま・ここ」の生徒と教師によって共同制作される作品だと思う。

教師になって二十九年が過ぎた。だからわかったことがある。いわゆるベテラン教師の陥《かん》穽《せい》は、その経験へのしがみつきにある。

授業は、どんな豊かな実践をつくりあげてきた教師であっても、油断すればたちまちマンネリズムに陥る。経験すなわち慣れ（それは狎《な》れへと容易に転化する）へのもたれかかりが授業を澱《よど》ませる。自分の経験だけに寄りかかれば、前例に支配される。生徒にとっての授業が、発見に満ちたわくわくする時間としてあることを忘れる。ルーチンワークを無難にこなすだけの授業に充足する危険は、すべての教師に待ちうけている。安逸への傾斜をつねにはらみながらの教師の日々がある。「反省的実践家」ということばは、このことを自覚し、経験への過信とそのもたれかかりを警戒し、授業の事実と子どもの姿に学びながら、自分の実践を謙虚に吟味しつづける教師を指すのだろう。

文学は多義的な読みができるがゆえに、授業もまた多義的にデザインされうる。だからおもしろいのだ。唯一絶対の解釈が文学にはありえないように、授業における唯一絶対の方法・技術もまたありえない。この考えに立ち、授業をのびやかに、むしろわがままに試みること。そして、教師が授業の多様性を認め、異質な授業にたがいに学びあうこと。——この精神態度が、われわれにはことのほか大切なのではあるまいか。

みずからのこれまでの方法・技術の吟味の上に、新たな授業をデザインすることをとおしてしか授業の鮮度は保たれない。自己の実践の否定的媒介をとおして授業の生命力はかろうじて維持・再生されると信ずるがゆえに、小さな成功と蹉跌《さてつ》のくり返しであった私の実践を、それもささやかな領域に限定して一本をまとめた。

◉

私の教師としての成長は、雑誌『ひと』とともにあった。そこには、われわれが市民として社会参加し、教育に関与していくために不可欠な現代的課題がつねにとりあげられた。開かれた学校づくり、保護者・市民の学習参加、人権と共生の教育、異文化理解、環境、福祉、家族、食育、金銭教育、読書と学校図書館、情報化とコンピュータ、命・生と死の教育、探求型の授業、プロジェクト型の授業など、挙げればきりがない。いまは多くの学校であたりまえに取り組まれていることの、先駆的な実践を編んだ『ひと』からいただいた授業づくりのアイデアはひとつやふたつではない。

「総合的な学習の時間」が始まったとき、まっさきに繙《ひもと》いたのは、『ひと』のバックナンバーだった。きらきらと輝く質の高い実践に鼓舞されて、二〇〇〇年から段階的に始められたこの時間のデザインに胸をふくらませた。

代表の浅川満さん（故人）は、つねに熱くかつ深く子どもを語り教師を語り親を語り、そして希望を語った。

「子どもはみな、教師の味方だよ。どんな子であっても絶対に切り捨てちゃいけないよ」

「教師は、もっとしなやかにしたたかにそして軽やかに生きなくちゃ。あなたがつぶれるまえに子どもがつぶれるよ」

「いま、いい実践してる教師は、子どもにべったりとくっついている教師じゃない。子どもとの適度な距離感覚をもっている教師だよ。教師は、これ以上は子どもに踏み込めないって断念することも、場合によっては必要なんじゃないか」

「近藤さん。あなた早く校長になっちゃいなよ。そしてぼくらといっしょに学校づくりをやろうよ」

浅川さんからかけていただいたこれらのことばが、教育にたずさわる専門家としての職業倫理を少しずつ私の内に育ててくれたのだ。その声は耳朶《じだ》になお新たであり、それどころか変化してやまない教育状況のなかで変わらぬ教師の立ち位置を示してくれるものとして、いっそう切実な意味を帯びて私を励ましてくれる。

最後になりますが、私のこれまでの実践をまとめる機会を与えてくださった、太郎次郎社エディタスの北山理子さん、編集の漆谷伸人さんに感謝いたします。ありがとうございました。

二〇一〇年夏

近藤　真

初出一覧

Ⅰ部　詩歌を作る

授業「木になる」PART1
中学二年生・詩の授業「木になる」上（『ひと』二九六号、小社刊〈以下同〉、一九九七年九月）

授業「木になる」PART2
中学二年生・詩の授業「木になる」下（『ひと』二九七号、一九九七年十月）

俵万智と恋をする
歌会「俵万智と恋をしよう」――相聞歌創作の試み　上・下（『国語教室』三一七号・三一八号、青玄会、一九九七年十月・十一月）

定型詩を書く
「詩歌」の創作――定型が表現を促進する（『情報リテラシー』、高木まさき編、明治図書出版、二〇〇九年十月）に加筆。

連句を作る、連句でつながる
授業・連句をつくる、連句でつながる（『ひと』二九二号、一九九七年五月）

表八句を作る
表八句を作る『草の戸も住み替る代ぞ雛の家』（『おくのほそ道』）（『月刊国語教育』三四四号、東京法令出版、二〇〇九年一月）に加筆。

Ⅱ部　詩歌を読む

詩「便所掃除」（浜口国雄）を読む
詩「便所掃除」（浜口国雄）の授業――新しい授業への招待（『ひと』一八一号、一九八八年一月）、詩「便所掃除」（浜口国雄）の授業（『教育国語』二‐一四、教育科学研究会・国語部会、一九九四年七月）に加筆。

詩「春」二題（安西冬衛）を読む
中学校二年生・安西冬衛「春」二題を読みとる（『ひと』二三六号、一九九一年十月）
五行歌「ばらのアーチ」（田渕みさこ）を読む
多義的に読む——ひとつの詩をいちばんすてきに読む（『月刊国語教育』三五一号、東京法令出版、二〇〇九年七月）に加筆。
詩集『ぼくは12歳』（岡真史）を読む
授業・岡真史詩集『ぼくは12歳』を読む——詩と対話し、自分の闇に語りかける（『ひと』三〇一号、一九九八年二月）
俳句「三月の甘納豆」（坪内稔典）を読む
本書初出
中学一年生と俳句を読む
暴力と対峙する——国語教師の仕事（『日本文学』二〇〇五年五月号、日本文学協会）に加筆。

近藤 真
こんどう・まこと

1957年、山口県宇部市生まれ。長崎県北松浦郡佐々町に育つ。同志社大学文学部卒業。1981年より長崎県中学校教員。現在、長崎県の公立中学校校長。

著書に『大人のための恋歌の授業——〝君〟への想いを詩歌にのせて』『コンピューター綴り方教室——子どもたちに起きたリテラシー革命』、共著書に『文学作品の読み方・詩の読み方』（以上、小社刊）がある。ほかに、『中学校新国語科の授業モデル〈4〉「選択教科」編』（明治図書出版）、『情報リテラシー——言葉に立ち止まる国語の授業』（同）、『地域で障害者と共生五十年——ともに生き、ともに老いる』（小社）などに執筆。

NHK〈10min.ボックス　現代文／古文・漢文〉番組委員。

中学生のことばの授業
詩・短歌・俳句を作る、読む

2010年9月15日　初版印刷
2014年9月25日　2刷発行

著者………………近藤 真

装幀………………臼井新太郎
装画………………岡本かな子
発行所……………株式会社 太郎次郎社エディタス
東京都文京区本郷4-3-4-3F　郵便番号113-0033
電話 03-3815-0605
http://www.tarojiro.co.jp/
電子メール　tarojiro@tarojiro.co.jp
印刷・製本………シナノ書籍印刷
定価………………カバーに表示してあります

ISBN978-4-8118-0740-9　C0037

●本のご案内●

太郎次郎社エディタス

コンピューター綴り方教室

近藤 真●著

子どもたちに起きたリテラシー革命●これまでの国語教育をコンピューターが一八〇度変える。漢字は書けなくても、コンピューターでなら、さらさら綴れるという子どもたち。中学校の国語科はコンピューターでどう変わるか。作文・詩・短歌・劇づくりなどの先駆的な実践を編んだ。…●四六判上製・二〇八ページ●二〇〇〇円＋税

大人のための恋歌の授業

近藤 真●著

〝君〟への想いを恋歌にのせて●和泉式部、寺山修司、河野裕子、ハイネ……。恋詠みの名手たちに、愛の表現を学ぶ。珠玉の俳句・短歌・詩、作家の恋文を紹介。二十一の創作課題をとおして、ことばを探しあてる喜びを味わう。「あの記憶」「この想い」もことばにできる。…………………●四六判並製・二五六ページ●一六〇〇円＋税

授業　俳句を読む、俳句を作る

青木幹勇●著

子ども俳句のコンテスト応募者は二十万人。みずみずしく独創的な表現は、子どもも大人も魅きつけます。子ども俳句から出発し、「ごんぎつね」など物語による俳句指導に至るまで、国語教室でだれでもできる俳句指導の決定版。一九九二年に刊行された授業記録の復刊です（「ひと」BOOKS）。…●A5判並製・一六八ページ●一八〇〇円＋税

日本語の豊かな使い手になるために

大岡 信●著

読む、書く、話す、聞く●辞書的な意味を断片的に覚えるテスト教育と、ことば以前に映像が優先する情報の氾濫のはざまで、現代の子どもはどのようにことばを身につけるのか。ことばをとおして想像力を解放することが困難な現在、これからのことばの教育の水路を語る。……………●四六変型判並製・二八八ページ●一六〇〇円＋税